新时期教师教育
改革和发展趋势研究

刘文芳　著

延邊大學出版社

图书在版编目（CIP）数据

新时期教师教育改革和发展趋势研究 / 刘文芳著

. -- 延吉 : 延边大学出版社，2021.10

ISBN 978-7-230-02176-0

Ⅰ．①新… Ⅱ．①刘… Ⅲ．①师资培养－研究－中国②教育改革－研究－中国 Ⅳ．①G451.2②G521

中国版本图书馆CIP数据核字(2021)第209858号

新时期教师教育改革和发展趋势研究

著　　者：刘文芳
责任编辑：邵希芸
封面设计：王　朋
出版发行：延边大学出版社
社　　址：吉林省延吉市公园路977号　　邮编：133002
网　　址：http://www.ydcbs.com
E-mail：ydcbs@ydcbs.com
电　　话：0433-2732435　　　　　　传真：0433-2732434
发行部电话：0433-2733056
印　　刷：北京宝莲鸿图科技有限公司
开　　本：787 毫米×1092 毫米　1/16
印　　张：9.25
字　　数：200千字
版　　次：2022年3月第1版
印　　次：2022年3月第1次印刷
ISBN 978-7-230-02176-0

定价：58.00元

前　言

教育改革与教师专业发展彼此促进、相互影响，共同作用于教育发展。新时期我国教育改革逐步深化，对教师质量的要求也随之提高，因此提高教师素质、促进教师专业发展，已成为我国教育改革的必然趋势。本书通过对教育改革与教师专业发展间相互作用的梳理，提出适宜教师专业发展的规划，以期能对我国的教育改革和教师专业发展有所裨益。

教师职业作为人类社会最古老的职业，对人类社会的发展做出了巨大贡献。真正意义上的具有专业性特征的教师职业，是现代师范教育产生以后才开始的，迄今只有三百多年的历史。社会对于教师的要求并不是亘古不变的，它随着教师职责的深化而不断转换，教师职业的专业性伴随着社会历史和经济文化变迁而逐渐增强。这反映了进入知识经济时代的人类对教师所寄予的期待，以及在宽广的观念与行为层面对教师在社会生活中所提出的新要求。

长期以来，教师作为知识的传递者，过多关注学生对知识本身的掌握及学生所取得的学习成果，忽视了学习的过程和对学生能力的培养。由此也带来了一些消极影响，首先是在教师层面上，教学过程缺乏创新且内容单一重复，不仅弱化了教师创造精神与研究意识，还易使教师产生职业倦怠感。这种情况致使教师思维不能脱离原来的轨道，教学思想及教育观念趋于落后、保守和陈旧，用陈旧的观念教育出的学生在面对将来的社会时，其结果不言而喻。其次是学生层面，传统的灌输式教学对学生发展造成了身心两方面的双重障碍，大量知识的灌输所带来的繁重的课业，对学生学习的创造性和主动性形成了极大的约束，从而导致其思维的刻板、僵化。此外，教师狭隘的视野和老旧的教学方法也导致了学生与课本之外信息、知识的脱离。最后是教材层面，教材所表达的文字并不仅仅是简单的知识，还有人类的思考方式和思想内涵。传统教师的授课方式对教材而言无疑是一种扭曲，只是片面地解读了教材的功用，因而对教材固有的功能产生了极大的损害。

目　录

第一章 新时期教师教育的基本理论

第一节 当前教师培训培养存在的问题

深入了解教师培训培养现状，把握一线校（园）长、教师专业发展真实需求，是科学建立教师队伍发展规划、健全教师培训培养机制的重要前提。通过问卷调查、现场访谈、在线调查等方式，我们在中山市展开调研，共获得有效问卷 3 917 份、访谈记录 144 份，对象涉及义务教育阶段中小学以及幼儿园校长（园长）、教师以及教育行政部门人员等，发现当前教师培训培养存在以下问题：

一、教师个性化发展需要满足程度有待提高

培训内容不够均衡。调查发现，中小学校长（幼儿园园长）参加培训的内容主要集中在"学校管理与教育管理理论""教师管理与学校发展""专业发展与领导力提升"三个方面，参加比例均超过70%。中小学教师参加培训的内容主要集中在"专业理念与师德""学科教学""教学方法及策略"，前两者占比同样超过 70%，后者则将近 60%。幼儿园教师参加培训内容主要集中在"幼儿一日生活组织与保育""专业理念与师德""幼儿园环境创设与利用"，比例超过 60%，其次是教育活动设计与组织、幼儿保育和教育知识等。

而实际需求方面，校长（园长）最希望参加的是"专业发展与领导力提升"（87.82%）、"教师管理与学校发展"（85.79%）等相关内容的培训，其次是"学校管理与教育管理理论"（76.14%）及"国内外教育改革与发展"（67.51%）；中小学教师更希望获得"学科教学策略"（72.52%）、"教学方法和策略"（69.57%）及"学生发展、心理健康及激励策略"（59.11%）等方面的知识与技能；幼儿园教师更希望获得"幼儿园环境创设与利用"（67.3%）、"幼儿一日生活组织与保育"（57.86%）、"教育活动设计与组织"（55.66%）等内容的培训。

在培训期待上，校长（园长）们期待包括沟通技能、自我管理、问题解决能力培养等能力和综合素质提升、财务管理、经济方面等类型课程，而教师们则期待实用性、操作性强的学科专业知识，如课堂教学方法和技巧、教师心理健康、危机处理和通识类培训，以及与实际工作密切相关的班主任工作、课堂管理、家校沟通等类型课程。

参训程度参差不齐。按参训人次分布，总体参与度由高到低依次是市级培训、镇区培

训、省级培训、国家级培训；镇区学校教师参加市级培训和镇区培训较多，而城区和直属学校则以市级培训为主，参与省级培训机会更多。从学段来看，参加培训人次最多的是小学教师，其次是中学教师，幼儿园教师参加培训机会相对较少。从培训层次来看，小学教师参加国家级培训、市级培训和镇区培训占全市同类培训总人次比例均最高，其中国家级培训人次占全市总参训人次的52.1%，市级培训则占45.9%，镇区培训占53.0%；中学教师参加省级培训最多，占56.1%；幼儿园教师参加各层次培训人次均为最低。不管是校长（园长）还是中小学、幼儿园教师，超过半数的人认为"培训机会不错，次数合适"，认为"机会太少，次数不足"的比例远远大于"培训太多了，应接不暇"。不管是校长（园长），还是中小学、幼儿园教师，对参与度较高的校级、镇区级和市级培训的满意度（含满意和非常满意）都非常高，一半以上的人员没有参与过商业组织或非政府组织的培训。

中小学教师对各级培训整体比较满意，对以集体备课、教学研讨等形式为主的校本培训满意度较高，希望加大校本、镇区培训的学分比例，他们认为以学科教研交流、赛课磨课等形式开展的培训对教师实际的教学工作更能有改进作用。

二、培训形式有待改善

不同的培训方式满足了不同教师的差异化需求。在集中培训、跟岗研修、远程在线、送教上门、校本研修、名师讲学团等各种培训模式中，集中培训仍是大家普遍认可的方式。其中，校长（园长）更倾向于跟岗研修，幼儿园教师更倾向于名师讲学团，而中小学教师对各种培训形式的倾向性差异不大。专题讲座、远程在线、主题沙龙、跟岗学习、现场观摩、课题研究、参与式培训、经验交流、赛课磨课、集体备课等形式的培训满意度都比较高。校长、中层干部、教师等均能根据自己的专业发展需要和工作、生活安排等，选择符合自己实际的培训形式。

与教学实际相联系的培训形式最受参训者青睐。培训形式是培训内容的重要载体，其选择恰当与否，培训对象是否喜欢，将决定培训效果的好坏。总体看来，现场观摩和研讨、经验交流与分享、专题讲座是教师普遍认可的培训形式，而校（园）长则对跟岗学习具有较强的倾向性，将其放在第二位。对于教师而言，贴近一线教学、可操作性强的专家讲座比较受欢迎，而理论性太强、内容深奥的公共课则饱受诟病，以学科教研交流、赛课磨课等形式开展的、呈现真实课堂教学的培训广受喜爱。

网络学习的有效性有待提高。中山市开展的网络培训类型主要包括博客教研、魔灯、在线视频、华东师大网络课程、国培远程学习等，还有正在探索试点的微课、慕课等网络学习形式。大多数教师认为网络学习形式方便，机动灵活，尤其是优质视频课给人启发较大，收获颇多。但目前网络学习课程有效性偏低，一是学习过程缺乏有效监督，走过场情况较多；二是部分课程更新较慢，学科专业视频资源不够丰富；三是部分学校硬件不足以支持网络学习，影响教师学习积极性；四是在线学习中的发帖、跟帖、提交作业等耗时较多，教师们感觉工作量较大。

三、培训管理有待进一步规范

培训经费和时间安排是参训的较大障碍。教师的参训积极性是高的，但是仍有许多客观原因直接或间接影响了教师的参训质量。调查发现，经费不足、个人时间不足、调课困难、交通不便是当前影响校长（园长）和教师参与培训的四个重要原因。尤其需要注意的是，尽管校（园）长可接受的时间是寒暑假，正常上班时间依然是中小学和幼儿园教师比较喜欢的培训时间，因为在日常工作期间培训，能有效将所学运用于实践，有助于他们在实践中开展反思和内化。

四、既有优秀教师资源的示范和引领作用有待挖掘

师资培训是培训内容与教师素养提升的中介和桥梁，其构成要素与教学水平，直接决定培训预期效果的实现程度。调查发现，校长（园长）最希望的培训者是名师名校长、高校及研究机构专家及一线优秀教师，而中小学教师最希望一线优秀教师及名师名校长担任培训师，幼儿园教师更喜欢由一线优秀教师、培训机构专职教师担任培训师。

第二节　"双师型"教师培养培训体系

国内很多发达城市都有很好的"双师型"教师培养培训制度，基于国家推动职业教育发展的力度和向好的政策，综合考虑职业教育"双师型"教师培养培训制度，笔者认为现行的培养培训体系还不够完善，尤其是在对一线教师的培养培训过程中，很多学校没能重视对教师的合理培养。本节主要是从教师前期的培养和后续可持续的培训两个方向来分析，并提出相应的激励和奖励办法。

本课题主要是对几个内容进行探讨，通过对"双师型"教师培养培训体系构建研究的论证、调研报告的研究，有效地组织教师进行专业教学培训，实现教学资源高效利用，达到职教效益最大化，并缩短教师培训的时间，提高教学效率。希望通过本研究能够在一定程度上缓解当前部分职业院校对合格教师一师难求的困境，缓解职业教师的缺乏，提高教师资源的合理利用，使职业教育向着更好更高的方向发展。

一、研究分析内容

本节将从以下几方面进行分析：首先，为什么要提高教师教学水平；其次，培养什么样的教师（包括教育理论和教育实践能力、专业理论知识、专业实践能力、专业操作指导能力）；再次，对于已经取得"双师型"教师资格的人员进行哪些后续培训；最后，对"双

师型"教师自身综合素质提高的激励办法和奖励政策。

关于为什么要提高教师教学水平。随着社会经济的高速发展，社会对高素质人才的需求与日俱增，职业教育如何健康快速发展，很关键的一个问题就是如何加强职业教师队伍建设。不同的工作岗位，对职业教师，特别是对一线教师的综合素质有不同的要求。

关于培养什么样的教师。目前很多教师都是只能单一地教授理论知识或者是只能指导学生实训，不具备同时教授学生理论知识同时又指导学生实训的能力，要培养部分教师具有一定的专业理论知识和专业实践能力，可以和一些企业合作，把一些教师送去学习，初步形成理实一体的教师。怎样培养更多理实一体的复合型教师，即人们常说的"双师型"教师是教师教育发展的重中之重。

关于已经取得"双师型"教师资格的人员进行后续培训。我们的这些教师，本身要具有很强的理论基础和扎实的动手实践能力，才能在教学过程中把理论知识和专业知识及自身的经验教授给学生，对于新知识，前沿技术要及时掌握，才能更好地去指导学生，所以教师的后续培训很重要。

关于对"双师型"教师自身综合素质提高的激励办法和奖励政策。一间学校的老师，要是多数都没有继续学习提高自己的想法，只是一味地满足于现状，那这间学校将是没有发展前景的。反之，只有学校有很好的激励政策，从资金上支持老师继续学习深造，提高自己的水平，并且在老师取得一定成绩的时候适时给予肯定或者奖励，鼓励大家提高自己，形成良性循环，学校才能有更好发展。

二、发现问题以及解决方法

结合本节实际，部分研究内容采取了调查问卷的方式进行，问卷主要是为了了解中职学校"双师型"教师的基本情况，更好地为课题服务。在调查问卷中，涉及教师的性别、年龄、职称、职业资格、学历、教龄、企业工作经验等多方面的情况，并且还对部分教师对"双师型"认知状况进行了调查，其中包括大家认知的"双师型"教师的评定标准、取得"双师型"教师的双证书或其中之一的途径、对中职专业教师下企业实习的态度、"双师型"当前最需要学习的内容、曾参加过哪些培训、对"双师型"师资队伍建设的前景如何看待、促进"双师型"教师成长的主要动力是什么、学校对教师激励的最佳方式是什么等一系列的问题。

通过对问卷内容进行分析，发现了一些问题（解决方法）：

部分学校的"双师型"教师占全部教师的比重较小。只占20%左右，大多数教师，都是只能教授理论知识带不了实训，或者是能带实训，但是自身没接受过系统的专业知识学习。对于"双师型"教师所占比例小的学校来说，下一步应具体对那些欠缺某些知识的教师，有针对性地进行培训，完善其所欠缺的知识。

大部分学校"双师型"教师中来自企业的人员占比不到50%，其余人员基本都是高校毕业直接到教师岗位的，欠缺实际的工作经验，而来自企业这部分人员的年龄结构基本都偏大，50岁左右，教龄时间较长，技能水平过硬但理论知识欠缺，虽然很多人都持有本科证，但多数都是通过函授大学考取的，理论知识薄弱。对于这些老教师，我们应该发挥他们的特长，可以让他们带几个年轻的老师，使年轻的老师能有更多的机会学习他们身上的经验，提高自己。

较年轻的教师大都教龄不长，他们只是师范院校毕业的普通学生，并不是职业教育类的师范生，所取得的资格也只是教师资格，不是职业教育教师资格，并且也没有取得相应的技术等级证书，教授学生之前没有接受过相关工种专业的系统学习，这部分教师，对于实际操作或者职业院校学生要学习的专业基础课并不是十分了解，因此在教学过程中会遇到很多困难。如果在这些教师教授学生之前，系统地、有针对性地把这些人送到和他们以后要教授的课程相关的实际生产车间，进行一定时间的学习，将会大大提高他们日后教学水平，解决了教师只能教授书本上基础知识，不能实际操作的困局，使其变成了真正意义上的"双师型"教师。

有部分教师工作几年以后，其参加的培训就越来越少了，专业方面的培训更是少之又少，很多老师工作三四年，甚至是五六年了，从来没有参加过针对他所教授的学科或者说是相关学科的培训。这些老师希望学校尽量多安排些针对其教授的学科或相关学科的培训，以提高其知识和能力。

调研显示，目前对教师的培训缺乏激励政策。老师要想继续学习提高自己，很多时候都要自己花钱、利用休息时间出去学习，学习回来后也得不到肯定，致使很多老师放松了对自己能力提升的要求。另外，目前大部分学校对教师的后续培训缺少系统计划，难以形成良性循环。

现代化职业教育对教师提出了更高的要求。首先是专业教师须具有扎实的基础课和专业课的教学能力；其次是专业教师须具有与当今主流技术发展同步或超前的技术水平，能胜任新课程教学模式综合一体的教学方式。调研结果显示，目前现有的教师培养培训体系虽然具有某些方面的优点，但不是很符合当前中职教育教师的培养。特别是对人社部门下属的技校更存在着很多不合理的地方，无法满足教师的提升需求，拉大了中职院校教师之间的差距，同时还存在着教学资源浪费，培训效率越来越低的现象。当前，专业教师工作以后的后续培养再教育问题已成为影响职业教育质量和发展的关键性因素之一，对中职院校教师的后续培养应分层次、分级别进行，确保培训效果。

第三节　现代教师职前培养与职后培训

从我国教师职前培养与职后培训的现状，可发现现代教师职前培养在培养体制、课程体系、教学方法和手段，职后培训在管理、规划、培训经费、职后与职前衔接、评估方式等方面存在诸多问题。因此，可从高等师范院校、培训机构和中小学、教师自身以及教育部门等方面提出改进方法，促进现代教师教育发展。

一、现代教师的内涵素质要求

具备较高的信息素养。能灵活地使用网络为自己的工作服务，熟练搜索网上信息。现代教师可以建立自己的网站，把课件、教案等相关资料放在网上，还可以把自己所感、所想以及一些有内涵的文章发到网上与其他教师交流，实现资源共享和共同成长。要能够"充分利用网络信息资源解决教学中遇到的问题，把搜集到的网络信息经过创造性地处理后融入自己教学中，借助网络改变自己的教学策略和方法，积极创造条件使用计算机处理各种教学问题，跟上信息化社会的步伐"。

具有现代教育观念，掌握现代教学手段与方法。在信息和知识爆炸的今天，教师应不断更新自己的知识体系。大数据时代背景下，教师和学生获取信息与知识的机会是均等的，教师需不断学习，与同行交流，学习新的教育心理学知识，不能过多采用传统教学方法，仅凭一张嘴、一支粉笔和一本书完成教学任务，否则无法把学生的注意力吸引到教学中来。随着智能化手机的普及，学生查资料非常方便，如果教师教学内容陈旧，教学方法和手段落后，将无法吸引学生。作为现代教师还需转变自身角色，与学生既是师生关系更是伙伴朋友关系，因此，不能高高在上，要平等地引导学生，成为课堂的组织者、管理者，让学生愉快地学习。

具有终身学习和自主学习的能力。目前国家大力倡导建立"学习型社会"和"终身教育"，教师在职前学习的知识有限，因此，需加强对教师职前教育教学能力的培养和入职后的培训工作。作为现代教师应当树立终身教育理念，通过职前的培养，奠定一定的专业素养，通过职后不断培训、学习，完善自身各方面素质。

具备传统教师的优秀素质。作为现代教师还需具备传统教师的优秀素质，比如，需要有强健体魄、健康的心理以及完美的人格；要有正确的价值取向、忠于教育事业，具有高尚的品德和良好的职业操守以及一定的教学科研能力。

二、我国现代教师职前培养与职后培训现状

（一）职前培养现状分析

我国教师职前培养主要集中于高等师范院校。目前，国家层面对高等师范院校教师教育的政策支持力度不够，高等师范院校也没有更多财力为教师和学生提供满足需求的教学资源，造成对优秀生源吸引力不足。

很多高等师范院校的发展定位不够清晰。"目前师范教育的体系已经打破，教育层次结构不断发生变化，高等师范院校存在较大压力，很多高等师范院校都朝着综合性大学发展，教学过程和教学模式都与之靠拢，导致课程设置和课程结构不合理，教育类课程偏少，注重基础知识的积累，但忽视了教师综合素质的提高，特别是对教师教育能力和技能的培

养，对学生德育课程的重视程度下降"。

现代教师教育观念淡薄。我国实施新课程改革后，中小学的课程体系、教学内容都发生较大变化，且大多数接受职前培养的学生和授课教师都没有中小学教学经验，对基础教育改革知之甚少，对其反响不够强烈，导致高等师范院校培养的人才与基础教育改革需求不相适应，培养的学生不能适应基础教育改革的要求。

2012年，我国出台了教师专业发展标准，对教师专业标准和准入资格做出了详细规定，确定了现代教师的质量标准，包括标准的层次和适用对象等，并在教学内容和标准时间跨度上都有所规定，但目前该标准的执行力度还不够。

（二）职后培训现状分析

从职后培训内容来看，主要有以下六点：一是学历提升。主要是针对中青年教师，国家鼓励他们通过在职学习、远程教育和自学考试等途径提高学历。据调查，目前我国本科学历的教师成为了基础教育教学主力军，随着国家对学历要求的不断提高，学历提升将是教师职后培训的主要内容之一。二是教育理念。教育理念是对教育的理性认识，这也是教师职后培训的重点。三是提升学科知识。作为现代教师需要通过不同渠道、不同方式获取新的知识，提高自身专业素质水平，但目前承担基础教育的教师压力很重，平时课业和升学压力使得教师无暇提高自身的学科知识，因此，教师职后培训的目的之一是提升学科知识。四是提升教学技能。教师教学技能主要包括教学设计、课堂教学以及课后批改作业和辅导等，这是一名合格教师的必备素养，其对教学质量有重要影响。基础教育新课改后，一些传统的教学方法和模式都将被摒弃，急需对新课改的教学技能进行培训，尽管很多教师参加过新课改后的教学技能培训，但大多数培训内容都停留在理论层面上，实践操作性不强。很多教师呼吁在针对教学技能的培训中把实践性和理论性结合起来。五是提升教学素养。教学素养的提升属于精神层面范畴，是效果最难把控的培训内容，关于教师教学素养的培训不多，主要有两个方面，一方面，"国培计划"中的教学心理培训，针对教师心理压力进行培训，可减轻教师压力，教师掌握此方法后可将该方法传授给学生，让学生学会自我释放压力；另一方面，提升教师职道德的培训。六是提升课堂管理能力。课堂管理能力直接影响教学质量，是有效教学的重要保障，很多教师急需提升这方面的能力，从"管学生"到"管人"，从而实现全面有效的课堂管理。

三、现代教师职前培养与职后培训存在的主要问题

（一）教师职前培养存在的问题

由于缺乏政策倾斜，高等师范院校缺乏优质生源，学生选择高等师范院校是根据高考分数确定，对所学专业并不感兴趣，缺乏学习专业知识的动力和激情，甚至可能出现厌恶情绪，这种心理如果在大学阶段一直存在，会影响专业知识的学习。另外，按照新课改的要求，学科之间相互渗透，需要教师具有综合性素质，因此，基础教育要求培养"一专多

能"的复合型教师。长期以来我国注重学术型教师的培养，注重培养教师的学问，忽视了专业性培养，忽视了综合能力的提升，不符合当今社会对现代教师素质要求。

首先，培养体制不科学，职前培养、入职培训以及职后培训严重脱节，缺乏有效衔接，只重视职前一次性培养，忽视职业发展要求，破坏了教育的连续性，这种重视职前学历教育、忽视非学历教育培训的情况不利于教师专业发展，影响基础教育教师队伍的质量。其次，课程体系不合理，"教师教育课程体系分为普通教育课程、学科专业课程、教育专业课程与教学实践课程四部分"。其中，普通教育课程的教学内容与实际脱节，脱离培养目标；学科专业课程在整个课程体系中占比过大，专业课程比例低，且内容较为传统，导致专业缺乏特色，教学实践课程不多，只有教学实习和见习两个环节，一般只安排1—2个月的实习时间，见习也流于形式，造成了学生在工作岗位上的教学能力不强，不能把学到的知识运用到教学实践中去。再次，教学方法和手段落后，教师与学生之间缺乏有效互动，教师"一言堂"的教学模式仍未改变，导致学生的运用能力差，即使学会了，也不能灵活运用。学生为了学分而学习，经常出现逃课、课堂玩手机的现象。部分教师强迫自己的学生记忆各门学科知识，难以适应新课改要求。

（二）教师职后培训存在的问题

首先，管理不健全，缺乏系统规划。培训计划由上级部门制订，培训目标没有明确定位，没有对教师需求做深入研究，不注重对教师学科内容的提升，具有随意性，对培训过程缺乏有效监管，对于培训内容是否符合实际以及培训质量没有足够重视。其次，培训经费得不到保障，教师个人承担过多，严重影响了参加培训的积极性。培训形式单一，大多形式为专家讲座、特级教师上课，这种传统的培训形式忽视了教师个体特征，无法调动教师的积极性。再次，职后培训与职前培养无法有效衔接，职前培养的高等师范院校不能有效获取教师工作后的信息反馈，无法获得专业优势，因而，很多学校仍然以"学科专业"代替"教师专业"，培训内容陈旧，与职前培养内容重复，以传统教育学、心理学为主，没有考虑学生实际工作需要。最后，职后培训评估方式不完善，以考试和学科总结为主，对受训者检测作用不大，对培训效果缺乏反馈途径。

四、改进教师教育职前培养与职后培训工作的策略

（一）高等师范院校

转变教育观念，加快体制改革。首先，要明确职前培养目标，即为基础教育改革提供合格师资。因此，需要树立全面人才观，培养综合素质较高的专业化教师，培养教师的创新精神和实践能力，形成师生互动的教学观。其次，优化课程体系，培养学生实践能力。教育类课程和基础性课程要适当整合优化，使课程之间相互渗透、融合，加强专业知识的系统性。增加教育实践课程比例，延长顶岗实习时间，建立多种实习模式，如产教融合、观摩教学等，促进学生实习质量的提高。再次，加强专业思想教育，提高师资队伍质量，

通过专业知识的学习和教育实践，让学生巩固专业知识，通过邀请中小学教师讲座或到中小学去观摩，培养职业意识。高等师范院校应加强师资队伍建设，建立学历、职称结构相对合理的教师梯队，指导教师进行教育教学改革，采用多种方法教学。最后，建立完善教师资格制度，严格执行教师专业发展标准，只有符合标准，才颁发教师资格证。

（二）培训机构或中小学校

不断调整培训要求，优化培训模式。首先，培训机构（教育学院、进修学校）需加强培训管理。加强教学内容管理，在对教师需求深入调研的基础上，合理选择教学内容，注重理论与实践结合；强化教材、教师管理，由于知识更新速度加快，教材老化现象日益严重，因此，需及时更新教材内容。好的教材还需要有好的教师，要建立一支业务素质过硬的教师队伍，根据不同需要聘请不同专业特长教师，提高教学质量。其次，加强过程、评价管理。一般而言，职后培训的时间较短，绝对不可能改变教师的观念、知识结构等，因此，培训过程应当动态化、可持续化、系统化地进行。发挥评价的激励、导向功能，通过采用发展性评价方式的评价，提高教师的思想道德水平和教育教学能力，促进教师综合素质的提高。再次，学校要利用自身优势，做好校本培训。校本培训是比较受欢迎的培训方式，应成为教师职后培训的重要途径。除此之外，实施远程教育对提高教师职后培训参与率，促进教师专业化发展效果显著。最后，中小学应加强与高校合作，建立教学科研基地作为校本培训的重要补充。

（三）教师自身

积极主动参与职前培养与职后培训。根据对现代教师素质的要求，作为未来教师的师范生应树立正确的发展理念，积极主动参加职前培养，努力提高自身的信息素养，掌握现代化的教学手段和方法，努力提高自身的思维和自学能力，树立终身教育观念。根据自身需要，做好个人规划，主动参加职后培训。职后培训往往受时间、精力和经费等因素影响，因而需加强时间管理，规划个人工作安排，抓住机会自我学习。教师（师范生）在参与职前培养与职后培训过程中，应主动自我评估，加强自我反省，有效促进自身教学能力提升，对学校或单位提出建设性意见或建议。

（四）教育部门

推进教师职前培养与职后培训一体化。关于教师职前培养与职后培训一体化，学术界已有一致观点，但目前实施较为困难，目前，我国教师教育职前培养与职后培训是脱节的，造成教学内容重复和教学资源浪费。各大高等师范院校为基础教育事业发展输送了大量人才，高等师范院校如能更新教育观念，在职前培养与职后培训各阶段调整相应的内容、优化课程设置和培养模式，使职前培养与职后培训一体化，将有利于教学资源充分利用，能有效提升职后培训的质量，这将是我国教师教育发展的方向，对我国教育事业发展具有重要意义。

第四节　任务驱动式教师培训团队培养

福建省三明市怀宁县教师进修学校是县级教师培训机构，其立足"国培计划"项目实施与本地区教师队伍发展现状，以相关理论为指导，通过依托培训活动，建立任务驱动，发挥各方合力，积极构筑教师培训团队可持续发展的平台，打造了一支高质量的教师培训团队。

2017年，怀宁县成立了中小学各学科县级教师培训团队及校园长培训团队，经过连续三年的工作锻炼与充实完善，这支队伍的质量和数量不仅体现了教师队伍的总体水平，也是提高教育教学的重要保证。

总结该县工作经验，我们认为要进一步明确教师培训团队培养的前瞻性、先导性、针对性，通过任务驱动，实现教师培训工作与教师个体两个方面的共同发展。

一、任务驱动式培训的设计

任务驱动式培训，就是将需要培训者掌握的知识隐含到培训任务中，将培训知识在培训任务中变成一个个的任务执行板块，在培训者完成培训任务的同时，达到对培训者有针对性地培训的目的。这里的培训任务与普通的培训工作既相同又有不同，普通的培训工作，考核点在于工作是否完成；任务驱动式培训，则需要在培训设计与实施时兼顾对培训团队的培养，同时，在培训完成时考核是否达到了任务目标以及达到的程度如何。

2017年，怀宁县国培送教下乡培训项目正式启动。在启动之初，先结合省级制定的培训团队专项培训目标，分析培训团队岗位胜任力构成要素，了解各级培训主管部门对培训团队的培养要求。同时，通过问卷调研、座谈走访、文献查阅等多种形式，了解广大教师、基层学校以及师训、教研等部门对培训团队培养方向的意见与期望。经过系统分析，总结出以下几点。

第一，一线教师最关注培训者的教育教学能力，希望培训者能够提供优质的示范课。同时，期待得到更多的具体教学问题的指导和教学经验、教学技巧的分享。

第二，学校管理者希望培训者能够多发挥示范引领作用，带动学校各学科教研活动发展，取得教学成果和荣誉，能够将自己的经验与成果交流分享给更多老师，指导帮助其他教师共同学习成长。

第三，县级教研、师训部门希望培训者能够积极参与县内培训教研活动，发挥区域名师的引领作用，具备对个人教学经验进行系统总结、理论提升的能力。

经过需求调研及分析，针对教师培训团队设计了培训团队各项任务板块，具体有集中研修任务板块、学科培训方案研制任务板块、示范课任务板块、教学经验分享任务板块、点评课任务板块、进校指导任务板块、网络研修工作坊管理任务板块、一对一磨课研课指导任务板块、培训活动主持与管理任务板块，共 9 个板块。这 9 个板块对应了教师培训团队自我学习提升、学科教学指导示范、培训项目设计与规划组织、培训学员线上线下活动的设计、教师成长的规划与引领等各方面能力。

二、任务驱动式培训的考核及实施成效

参与培训、指导培训，同时在培训中成长，这是任务驱动式培训的特点。在培训过程中，通过现场观察、问卷统计、学校与学员反馈、谈话交流等形式，及时汇总培训效果，并以此对培训团队的每一个成员进行培训能力总结，形成了培训指导者的个人档案，便于在今后的培训活动中，有针对性地对每一个培训者进行培训或布置任务。

2017 至 2019 三年间，怀宁县举办送教下乡培训、新入职教师培训、青年教师培养、骨干教师提升、校（园）长送培进校、校长提高培训等各项培训 60 多场次，组织培训团队进校送教 60 多人次，生成培训团队示范课 44 节、经验交流报告 14 场、专题讲座 6 场，推荐到安庆市市级名师大讲堂 4 人，2 人成为省国培专家库成员。

三、多元联动，搭建培训团队成长平台

2017 年至今，通过"国培计划"怀宁县先后组织培训团队成员参加了安庆师范大学、安徽师范大学等高校组织的培训团队集中研修；2019 年 7 月，组织县教研员、骨干教师、学科带头人赴浙江大学参加骨干教师专项培训；组织骨干教师先后赴芜湖、铜陵、浙江等地名校参观考察教师培训培养工作，赴苏州、杭州等地考察小学学校文化建设及教学改革等。与县教育局有关部门通力协作，有计划地开展骨干教师选拔与培养，优秀培训成果的宣传与展示等工作。与乡村学校协作，制定培训团队进校指导安排表，组织培训团队教师深入全县 20 个乡镇的乡村学校，听课评课、经验交流、举办专题讲座，开展"一对一"指导乡村教师、新入职教师研课磨课活动等。

任务驱动、多元联动式培训团队培训方式实施以来，对教师培训团队建设、县级培训项目实施实效提升、本地区教师专业发展等方面都发挥了良好的推动作用。首先，实现了教师培训团队素质提升和能力综合化，实现了从学科教学示范者到学科培训骨干组织者、引领者的转变，并进一步提升了优秀骨干教师在县内各种教育培训活动中的辐射作用。其次，促进了本地区教师培训工作的开展，许多骨干教师为县内教师培训活动提供了优质的示范课、专题报告，参与县级培训项目的组织规划工作，并成为了本校校本研修活动的领导者、组织者，有力地提高了本地区教师队伍的整体专业素质，提升了本地区教育教学的整体质量。

在教师培训团队的培养过程中，怀宁县也不断总结反思，发现了一些新的问题，这些问题也是下一步探索的方向。一是要制订培训者系统成长计划。培训团队的成长不应仅限于完成教师培训的工作，还要从学生、学校、社会等多方面的需要出发，立足于提高本地区教师整体水平，提高本地区教学整体质量系统规划教师队伍培养，要更全面地规划教师

培训团队的培养工作，培养综合素质更全面，思想、情感、能力全面发展的教师培训引领团队。二是要适应教育理念的变革，培训教育新理念的先行者。以人为本的课堂理念的不断深化，对教师理念、知识与能力的要求不断提升，教师培训者应跳出过去主要培训教师专业技术能力的单一思维，响应时代的需要，增强自身综合素养，尤其是引导示范、践行以人为本教育理念的能力，以及引领提升本地区教师贯彻以人为本理念的能力。

第五节　教师培训实践性课程师资校本培养

针对教育部提出的中小学教师培训实践课程不少于 50% 的要求，分析目前各校靠"借鸡下蛋"解决 50% 实践性课程存在的弊端，笔者认为应形成以承办院校教师为主、外聘教师为辅的师资培训团队，实施实践课程要求。

2013 年 5 月，教育部下发了《关于深化中小学教师培训模式改革全面提升培训质量的指导意见》，明确指出："培训内容贴近中小学一线教育教学实际，实践课程不少于 50%。"旨在帮助教师将理论知识转化为有效的教育教学行为、发展教育教学实践能力，弥补教师学了教育学和心理学等理论知识却不会教书的不足，让教师在亲身实践中体验生活，化知识为智慧，化智慧为德行。

实践课程是以帮助教师获得实践性知识为目的，通过各种各样的教育教学活动习得的内容及其安排。实践性知识是指基于理论知识与教师个人经验、在特定的教育教学情境下形成的，支配教师具体选择与判断的综合性知识。通俗地讲，就是转化为实践的学问知识，是由教师实际应用的教育信念、教师的自我意识以及一定的教学技术规则、经验、情境知识、判断力知识等组成。

然而，50% 的实践课程由谁来落实？就目前来看，高校教师多重理论研究，轻实践操作，实施实践性课程感觉力不从心，那么依靠教研员和一线优秀教师落实实践性课程是最佳选择吗？

一、落实实践性课程师资分析

（一）"借鸡下蛋"不一定产下"高营养蛋"

依靠外聘教研员和一线优秀教师实施 50% 的实践课程，存在以下弊端。

1. 指导缺乏系统性

50% 的实践课程，不是理论课与实践课的简单罗列、各为一半，实践课程也不是另立山头、自行其是，它需要二者兼施、相得益彰，贯穿培训全过程，或讲或练或做或评或指导或改进，彼此促进。比如组织学员进行课例研修，课例研修强调从课堂教学亟待解决的真实问题出发，以问题为主题，通过"教学设计—试教行为跟进—交流反思—改进教学设计—再次试教行为跟进—聚焦研讨反思—总结提升"这样循环往复的连续过程，帮助学员发现教学问题，改进教学方法，提高教学水平。从时间上讲需要连续跟进。然而，凡是被邀请讲学的教师均是教学精英，他们不但要承担所在单位的繁重工作，引领本校教师的专业发展，还要应酬各培训院校的邀请讲学，南来北往，有时一天就穿梭两地做报告，来也匆匆、去也匆匆，学员的行为跟进无法保障，当然也就无法保证实践课程指导的连续性和系统性。

2. 内容难以整合

无论是理论课程还是实践课程，均需要培训团队成员相互沟通、协调、整合，避免内容重复、观点分歧，使学员无所适从。培训团队成员的地域给集体备课、交流沟通造成极大障碍，虽然有的教师用短信、QQ、微信、电子邮件等沟通，在一定程度上能够缓解交流不便，但其毕竟代替不了面对面的交流与碰撞，彼此之间难以形成合力，易使培训内容零散、重复，难以聚焦，影响培训的效果。

3. 契合度不高

外聘教师在缺乏相互沟通，对实践性课程设计的逻辑关系及意图缺乏深度理解的情况下，凭着自己的理解来施教，会导致教学偏离课程设计意图，影响培训目标实现。

（二）落实实践性课程，校本教师重任在肩

基于以上分析，校本培训可避免因地域差异、距离远造成的沟通、协调、整合和连续行为跟进难等弊端，保证在培训过程中培训者随时发现问题，随时给予指导，带领学员不断实践、认识、反思和提高。

所以，形成以承办院校教师为主体，外聘教师为辅的师资团队是实施实践性课程的理想追求。

二、校本教师实践课程实施现状及原因分析

（一）实践课程实施现状

有效落实实践课程，需要培训者掌握系统的理论知识和一定的实践能力与实践智慧，即操刀上阵，示范演练，这是实践课程教学的基础和核心条件。然而，高校教师多为理论上的巨人，行动上的矮子，面对实践课程束手无策。我们以培训学科为单位对13个省、自治区的20所培训院校的29个培训科次（不同培训院校承担相同培训学科，称为科次）进行了问卷调查，在问题"贵校该培训学科缺乏实践课程校本师资吗？"下，19个培训科次回答"缺乏"，占总调查科次的65.5%；幼师培训承办院校实践课程师资缺乏尤为突出，在被调查的20所培训院校中有5所院校承办了幼师培训，均回答"本校缺乏实践课程师资"，有的完全依赖外聘。更多的培训院校实践课程由校本教师和外聘教师共同担任，其中校本教师担任实践课程部分。

某些实践课程担任者虽在课表上写的是校本教师，但有的可能只充当了召集者和组织

者，如观摩实践课，如果带队教师缺乏实践能力与实践智慧，感受不到观摩课的亮点与精彩，诊断不出课堂教学存在的真问题，学员就得不到应有的指导。缺乏专业化指导的实践是低效盲目的实践，这样的活动，即使学员实践了很多，也未必有明显收获。

（二）原因分析

受本校工作重心影响。除培训机构专门从事教师培训外，更多承办培训的院校主要从事全日制教学，教师们自然把全日制的教学作为工作重心，把教师培训视为"分外事"。另外，全日制教育具有长期性和规律性，易于操作，而教师培训却具有短期性及培训学科的不连续性等特点，培训院校培训什么学科完全取决于上级教育行政部门的任务分配，有的学科甚至连续两年没有培训任务，培训学科不固定、任务不连续，校内培训师也就失去了研究兴趣，教师不愿在深入一线学习、调研上投入更多的时间与精力。

受传统教学意识行为影响。当前，在全日制教学中一直占有霸权的是理论教学，"我讲，你听，我教，你学"已形成一种根深蒂固的教学意识行为，这是建立在教师的自我认识、职业认同程度、自我效能感和成就动机基础上的综合反映。教师很少思考"离开了游泳池能否培养游泳能手"的问题，缺乏培养实践智慧的主体意识，教师只是处于理论经验的状态，缺少让学生动起来、做起来、练起来的教学思考，表现为缺少实践技能的训练。这样的教学阻碍了教育教学技能和教育实践能力的形成，更谈不上形成教学实践智慧。

受教学环境的限制。承办培训任务的非师范类院校（或专业）教师的教学目标不是为基础教育培养人才，因此他们没有研究基础教育教学的需要或条件；从事师范教育的高校教师，不少人入职后一直侧重理论知识传授，缺乏中小学课堂实战的体验，缺少在动态的中小学课堂中培养应变能力和实践智慧的环境，使得教师成为理论上的巨人，行动上的矮子。

受学校政策引导缺位的限制。政策引导对培训师实践智慧的形成有导向、激励、规划、调节的作用。一直以来，高等院校重"纯"研究奖励制度，很少鼓励师范专业教师到一线调研、开展教学，导致教师"重科研轻一线教学实践"的现象出现。实践指导工作要求不严、缺乏制度监控与科学设计，没有把培养学生的实践能力和实践智慧作为师范生培养的目标，这恐怕是目前实践课程师资培养的最大障碍。

三、实践课程师资校本培养措施

（一）从上到下，形成一盘棋

培养校本实践课程师资需要各级教育行政部门及承办教师培训任务的机构共同努力，形成一盘棋，教育行政部门将培养实践课程师资列入教师培训项目，在政策、经费以及协调中小学实践基地等方面给承办院校以支持，承办院校要加强教师实践能力培养的制度建设，创新思维，采取多种形式组织实施培养工程，尽快解决"借鸡下蛋"的燃眉之急。

（二）走进基层，调研实践

重视培训师培养，使其在实践中成长，是深化教师培训的现实需求，是加速培训师专业发展的有效追求。《教育部关于深化中小学教师培训模式改革全面提升培训质量的指导意见》提出："高等学校兼职培训者要积极把握基础教育课程改革内容和中小学一线教师培训需求。专职培训者要切实深入中小学校开展研究与实践，原则上每年不少于 2 个月。"为培养教师的实践指导能力，怀宁县教师进修学校 2009 年出台了《关于教师到中小学进行教育教学实践活动的实施办法》，鼓励教师置身于鲜活的教学情境中"感受教学现象—认识教学现象—解决教学问题—提升培训能力"。

1.观课议课，促进成长

培训者团队以学科为单位确定活动小组，每组 3—5 人，走进基地学校、走进教学实践、走进研究性课堂，用心课堂观察、研讨方式方法，聚焦疑难问题，落实具体行动。观课时，注意观察教师的教学行为与学生的学习行为，分析教学行为背后反映出的教学理念与教学追求，发现有讨论价值的教学故事，寻求教学问题与困惑，思考"假如我来执教，我该如何处理"，这种态度和思考使观课者始终处于深度思考之中。课后大家根据观察到的数据进行分析诊断，共同经历研究过程、体验方法。议课时，把教学过程中的故事和现象、问题与困惑、过程和效果作为课堂研究的基础和依据，发现问题进行对话，共同寻求解决问题的最佳途径和方法，提出建设性建议。下面以八年级初中语文上册《信客》观议课为例，来看培训者的成长变化。

学校初中语文培训者一行三人到中学参加观课议课活动，三位老师和中学几位老师先听了邢老师讲《信客》，课后邢老师进行说课，随后观课老师就该课展开讨论。请看他们观课后的感受与对教学内容的深层挖掘处理。

观课老师们的同感是老师从信客要经常代读、代写书信，捎口信、捎物品，说明信客和一般意义上的邮递员不同，引导学生概括出信客诚信无私、任劳任怨、待人宽容、洁身自好、恪尽职守、善良厚道等优良品质。但观课老师还觉意犹未尽，认为仍需要深挖，于是几位老师就课文的深层处理展开讨论。

张老师：教材需要进一步挖掘，比如代人写信、代人读信会涉及个人隐私，那个年代捎带的物品可能是人家的全部家产，这时交给信客的分量可以说重如泰山了，这里的"诚信"就不是一般意义的诚信了，信客需要多么高尚的品质呀！针对这样的关键点，老师要让学生结合个人的现实生活，感悟信客亮丽的人生色彩，学生不仅会感兴趣，而且有话可说。让学生真正认识到"诚信"的重要。

刘老师：这里再让学生联系社会现象进行思考，提出"生活在今天的人们能不能做到像信客一样？假如你是信客，你能做到吗？"让学生认识到没有诚信的社会将成为混乱的社会。诚信是立身处世的准则，是衡量个人品行优劣的道德标准之一，讲诚信从我做起。

靖老师：信客是特定年代的职业，信客绝迹了，但留给人们的默默奉献精神却依然存在，我认为教学中需要做技术上的处理。

…………

紧扣"信"字，使学生的认识得到提高，情感得到升华，教学实现了新的创造和超越。

三位老师对教材的深层处理让一线教师敬佩、刮目相看。他们的成长取决于不断的坚持与积累，他们在实践活动中，共享问题、共享生成、共享成果、共享研究的幸福、共享成长的快乐。

2. 登台上课，实战体验

我们经常看到这样的情况，议课时，培训者面对学员存在的教学问题滔滔不绝、高谈阔论，似有道理，但又不能解决教学的真实问题，更不能付诸行动，这种情况下学员期盼着老师能操刀上阵，走上中小学讲台做个示范，变枯燥的说教为生动的演示，使教学改进的意见建立在可以操作的基础上。民间有句俗语表达得特别直白、贴切，即"光说不练，假把式，又说又练，真把式"。因此，给中小学生上课就成了培训团队历练的又一招数。具体做法是，培训团队成员以学科为单位划分小组，小组成员轮流登台上课，其他成员观课。下面是数学培训者团队王老师尝试上小学数学《三角形的面积计算》一个片段。

王老师讲完三角形的面积计算方法后在黑板上出了一道题："一个三角形的底长15cm，高7cm，问面积是多少？"随后，老师请一名同学在黑板前演算，在师生共同判断该同学做得正确后，王老师问："下面的同学谁做错了？"结果没有一个同学回应。随即王老师说："看来大家都会了。"

学生为什么不回应，从心理学的角度讲，每个人都希望在众人面前展示自己优秀的一面，不愿意暴露自己愚笨的一面。此时，学生如果承认自己做错了，就意味着自己没有学会、比较笨。因此，由学生没有回应老师，得出"看来大家都会了"的结论是不成立的。课后，在和该老师交换意见时，他惭愧地说："是呀，我怎么会犯这么低级的错误？"培训者要拉近理论与教学行为的距离，变"说教把式"为"实战把式"，需要不断登台学习、体验、感悟、反思、改进、提高，这是培训者指导实践课程的利刃剑。

3. 专题教研，参与其中

如果说教学是一位教师工作态度、业务水平、教学经验和教学综合素质的展示，那么，教研活动就是集体能力和智慧火花的相互碰撞与启迪。培训者的专业发展在一定程度上依赖于教学文化和教师文化，依赖于实践感悟的相互分享与相互滋养。培训者深度参与一线教师的教研活动，基于问题解决的教研要求，借助意见交锋、观念碰撞和经验互通的平台，分享研究过程与成果。基地学校的教研活动内容，一般根据教育教学中遇到的问题确定教研主题，研讨中教师们有见地的观点、有价值的研究、有突破的思路、有前景的方案，都会使他们如饮甘露、受到心田的滋养。

（三）走近教研员，引领成长

教研员和中小学教师联系紧密，他们勤于和一线教师交流、乐于倾听教师的呼声，熟悉一线教学状况，具有丰富的与教学实践结合的应用性知识，善于聚焦问题，善于进行由下而上、由实践到认识的归纳，是培训者的良师益友。教研员的教研与实践活动，可以帮助教师走出培训困境，引发培训反思，促进教学思想的形成和专业素养的提高。比如在教研员组织的关于"听课评课的有效点拨""问题探究的方法引领"和"有效教学的理念释析与对策设计"的研讨活动中，团队成员跟随教研员听课、诊断、议课、总结、归纳，倾听指导，教研员亲自上手授人以渔，倾囊相传，使团队成员有一种如沐春风的感觉。

（四）参加培训，沐浴成长

"国培计划"实施以来，每年都有培训者参训指标分配到各承办院校，除此之外，还鼓励各校自筹参训经费使教师到各省市承办院校参加相关学科的培训者培训。

（五）挂职锻炼，做中提升

所谓挂职锻炼，是选派教师到培训经验丰富、培训声誉高的院校参与培训组织和实施，通过对日常工作的参与、观察、实践、反思达到学习的目的。如同"影子培训"，使教师自觉参与培训组织的全过程，实现体验、感悟与内化。从中了解该培训的组织理念、课程设计意图，学习其管理策略、培训流程、培训方式等，反思自身培训的不足，从而在做中学、学中做，从实践中成长，感悟中提升。

总之，实践课程师资的培养，要坚持以实践参与为宗旨，突出在情景中、实践中、合作中、应用中解决问题，汲取有益的观点及价值，学习知识，提高技能，实现发展。只有自己建立了过硬的培训师资团队，教师培训才能够持续发展。

第二章　新时期教师教育发展的研究

第一节　我国教师教育发展的问题

教师教育在教育事业中处于优先发展的战略地位。教师教育作为教育事业的核心，事关教育改革发展的全局和建设更高水平小康社会的目标。在强调"深化教育领域综合改革"的今天，教师在教育改革中的地位和作用得到高度重视。从某种程度上说，教师在教育改革中发挥主观能动性的程度，直接影响综合教育改革的成效。

我国教师教育发展经历了从师范教育向教师教育的转变过程。从师范教育到教师教育不仅仅是一种概念层面的转化，而体现着教育领域综合性、系统性改革要求的必然性和科学性。就理念层面而言，教师教育是涵盖整个教师职业生涯的综合性教育及与专业有关的学习，体现出开放性、专业性和终身性。教师教育使得不同类别、不同机构和不同阶段的教师教育培养结合起来，从一次性学校教育制度转向终身教育制度，从定向型发展转向开放型。然而，在具体的改革实践中，由于体制机制固有的弊端以及教师教育自身发展的惯性，当前我国的教师教育还需要深入改革。

一、教师教育培养模式存在同质化倾向

教师教育本身是一个包含不同教育机构、不同教师类别及不同教育阶段的系统。这意味着教师教育体系既包含了不同要素的统一性，也必须体现出不同要素的差异性。然而，通过总结可以发现，无论是针对教师教育的理论研究还是实践改革，都过于关注如何构建普适性的教师教育体系，忽略了差异性。第一，不同教师类别的教师教育存在"同质化"现象。如：小学教师教育完全被高等师范教育同质化；职业教师教育完全被普通教师教育同质化；农村教师教育完全被城市教师教育同质化。第二，教师教育培训机构类型单一，集中于专门性质的师范院校、综合大学的师范学院及教师进修学校等。随着教师教育体系逐步开放，单纯依靠教育系统进行教师教育已经无法满足教师的专业发展需要。第三，教师教育培训模式具有类型化特点，大多数的教师教育培训模式仍主要集中在预先设定教师专业能力标准、划分不同的课程模块、依赖学科和教育基础理论的接受式教学。

教师教育标准体系的构建仍存在较大"空白"。从国际教师教育发展趋势来看，"标准化"已经成为保障教师教育质量的前提，是现代教师教育制度的重要组成部分。具体而

言，教师教育主要解决的是"培养什么样的教师""由谁来培养"和"怎样培养"的问题。其中涉及复杂多样的标准内容。就目前我国发展的现状而言，教师教育标准建设仍处于起步阶段。2011 年，国家颁布了教师教育课程标准；2012 年，国家陆续出台了《幼儿园教师专业标准（试行）》《小学教师专业标准（试行）》和《中学教师专业标准（试行）》。这是迄今为止我国仅有的一些教师教育标准建设的专门文件，而教师专业化标准建设、教师教育课程、教师资格标准等方面仍处于"空白"，更谈不上标准的持续更新问题。

二、教师教育课程脱离教育实践

第一，当前教师教育课程仍主要关注教育基础理论和学科教育理论的教授，"教育学、心理学和学科教育"仍是师范生学习的重点。这些学科主要培养学生掌握基本的教育教学知识，忽略了教师持续专业能力的养成。第二，职前培养课程和职后培训课程相脱离。尽管强调教师教育一体化，但是教师的职前培养课程仍主要由专门性质的教育学院讲授；职后培训课程主要关注补偿性知识的介绍。我国主要通过一些专门时段的培训任务如"国培计划"等促进教师的职后培训。培训方式集中于网络课程、专题讲座、开设培训班等形式。由此可见，我国的培养和培训课程仍是分段进行的，课程目标、课程标准和课程内容都相对独立。第三，教师教育实践性课程薄弱。实践性课程的教学方式单一，主要通过教育实习、教育见习的方式实现。此外，当前师范生的实践性课程比例仍不高，一般集中于大学的后两年进行，时间大概为一个或两个学期。第四，教师教育课程脱离我国教育现实。在当前的教师教育课程缺少关于中国教育问题的内容。关于我国教育问题内容多集中于历史性知识的介绍，没有专门针对教育改革发展的系统研究。此外，当前教师教育课程中还缺乏专门针对我国课堂知识介绍及课堂管理、教学管理内容，仅有的知识也主要集中于课程与教学论中的模式化教授。

三、教师资格制度建设落后

第一，教师准入制度缺乏灵活性。当前，师范专业学生要经过四年各方面的学习方能成为教师，而在教师资格考试中，非师范类专业却只考教育学和心理学两科，从考试的组织到实施都由教育行政部门负责，考试形式、考试内容都比较单一，无法真正反映教师的专业发展能力。第二，教师资格认定制度缺乏操作性。《〈教师资格条例〉实施办法》中规定申请资格认定的教师要具备承担教育教学工作所必需的基本素质和能力，"具体测试办法和标准由省级教育行政部门制定"，在这个最关键的环节上教育部并没有提供相对统一的指导标准，却将权力或责任下放到教育行政部门，如果全国通用的教师资格证书是在不同的情况下获得，是否具有普遍适用性就值得怀疑。第三，缺乏教师退出机制，教师资格仍具有"终身性"。尽管从 2011 年开始，我国在不同省市先行试点实行了 5 年一注册的制度，但在《教师资格条例》中仍未对此做出修订，表明打破教师资格终身制仍处于试验阶段。打破教师资格终身制度需要一个系统化的改革。我国现行教师资格的终身制度，违背了教师专业成长的原理，对教师专业化发展和继续教育缺乏激励作用。

四、教师教育一体化仍处于起步阶段

在我国教师教育发展中，教师教育一体化的改革策略主要集中于教师培养培训机构的一体化。具体而言，原来职前教育分别由中师、师范学院和师范大学培养小、中、大学的教师；职后教育则主要由县教师进修学校、地区教师进修学校和省级教育学院等统一承担。然而，在改革的过程中仅仅实现了学校的单纯整合，忽略了深层次的教育模式的整合。对于职前教育，师范性和学术性的矛盾逐步凸显。随着培养机构的统一化，教师教育侧重于教师的知识、技能方面的专业化，忽略了原来中师、师范学院等关注的师德、师行的专业性培养，忽视了教师职业态度和专业态度的养成。此外，综合大学培养教师面临着教学计划、课程设置、师资配备等深层次的改革需求。对于职后培训，名义上由大学承担，但往往高等教育更加偏重职前的教育，忽略了自身所承担的职后培训任务。在学校中，培训机构往往转变为纯粹的"计划"机构，除了完成必要的培训课程之外，不再承担原来进修学校的科研任务，不利于职后培训的深入开展。总体而言，当前我国职前职后教育实质上仍处于"两条线"，尽管启动了教育目标、课程等配套方案，但相对职后培训，重心仍在职前培养，职前和职后的目标衔接性较差，无法为教师提供持续的、一体化的支持。

五、教师教育发展的对策探索

（一）关注不同类别教师教育的特殊性

纵向而言，从幼儿教师到大学教师的任职资格有所不同，其自身的专业成长轨迹也有所不同，这就需要构建针对不同规格教师的培养方案和教师教育课程标准。通识教育、学科教育、教师专业教育和实习是所有教师教育共通的，但针对不同规格教师，还应强调不同的培训重点。如：幼儿园、小学教师应该以师专培训为主，招收初中毕业生，提前招生；对于小学教师，根据我国目前的实际情况和财力还不宜都由本科来培养；初中教师应由师范院校本科培养；高中教师由师范大学和综合大学用4+1或4+2的模式培养等。横向而言，不同地域、不同水平的教师具有不同的发展水平，在教育培训过程中应该针对其本身特点进行培养。如：对农村教师的培养就需要考虑农村的"本土"问题，关注农村教师的选择权和主体性。农村教师的培训模式应该体现出农村教师的专业发展特点，建构农村教师教学、研究和生活一体化的终身学习组织模型，在教师教育培训课程方面注重挖掘农村教育资源等。

（二）丰富教师教育培养模式

教师教育的转型不在于各种形式的变化，最根本的是提高教师自身的专业水平。为此，需要不断丰富教师教育的培养模式。第一，建立以课程模块培养为主的模式，注重强调不同模块课程对教师专业能力的提升。我国教师教育培训应由通识课程、教育基础和专业课程等模块构成。第二，建立理论联系实际的培训模式。在课程模块的基础上，增加教师的专业实践能力培养，如增加职业教师的实习课程、大学与中小学合作培养教师等措施。这种模式现在已成为主体培养形式，其对象也主要针对师范学生等。第三，建立教师教育一体化培训模式，理论上要将不同类别教师、不同教育阶段、不同的教育培训结构融合在一起，这是我国教师教育改革的新趋向。第四，探索开放性的综合教育模式，吸引校外力量参与教师教育。如：可以逐步培育社会教育机构进行教师教育。

（三）关注教师实践能力的培养

随着教师教育的研究深入，人们逐渐意识到教师的专业发展离不开真实的教育情境。教师教育始终指向教师专业能力的形成和发展，这就决定了教师教育的持续性和终身性。因此，教师教育不能只是关注特设的教学情境，忽略教师的生存环境。"走进教室"逐步成为教师教育培养的新理念。通过将实习与课程同步实施的策略，加强理论学习和实践应用的联系，在实践能力培养中，强调教师逐步成为"实践的反思者"。一方面，从教师观、知识观等的转变构建起完整的教师专业标准，将教师的实践能力、反思能力、研究能力等放在突出的评估位置；另一方面，构建自由、开放的教育课堂，使教师拥有一定的自主权，可以调动积极的教学要素，实现课堂层面的不断创新。此外，还应不断探索有助于融合教师生活、研究和教学一体化的教育模式，在教师的培养培训过程与教师的实际生活历程之间构建有机联系。

（四）重构教师教育专业化发展标准

教师教育专业化发展标准应该贯穿教师专业的整体历程。应该深入研究适合我国教师教育发展的标准系统，就内容而言，在职前教育方面应该逐步建立起教师教育课程标准、教学计划标准、教学能力培养标准以及教师实践标准；在职学习方面应该逐步建立起标准化的考试制度、资格认证制度；职后持续发展方面应该逐步建立起教师职称标准、荣誉标准、教师绩效工资标准以及各种标准的更新制度。国家应该在标准制定过程中发挥主导作用，通过运用政策手段发动号召、组织研究力量深入研究、吸引社会力量参与标准讨论等，尽快完善出台适合我国教育实际的教师教育专业化发展标准。此外，标准的制定应该具有配套的支持和保障制度体系，如规范性的实施程序、严格的资格审查机制及问责机制、专业化的标准监督队伍建设等。在目前的情况下，教师教育标准体系的构建应主要由教育行政力量组织实施，以后可设立专门的委员会，定期进行教师教育评估。评估工作要在一定周期内进行自评、社会调查、实地考察和系统改革的循环上升。

（五）改革教师资格制度管理模式

一是提高教师资格标准，严把入口关。一方面，提高教师的学历层次；另一方面严格准入标准，将教师资格认证与教师专业培训制度结合起来。二是制定一套国家教师专业标准，强化教师专业水平和教育能力，使教师资格制度真正具有裁决教师资格的法律效力。

三是建立定期的教师资格审查制度，打破教师资格的终身制。四是逐步探索实行连续性的等级证书制度，将初任教师、在职培训、高层次证书认证及学位教育融合起来。五是建立健全退出机制。六是完善处罚措施，提高制度执行力。如在教师资格条例中增加对聘用无证人员从教者的处罚规定。另外，地方政府要加强监督和舆论宣传，营造良好的社会环境，保证教师资格认定的科学性、公正性。

第二节　素质教育下教师教育的发展

教育是一种培养人的活动，学校内对受教育者产生教育影响的众多因素中，最关键的是教师。素质教育对教师教育提出了更高的要求。首先，素质教育下的教师教育应以诚信教育为基本原则；其次，教师教育应具有创新教育的理念；最后，教师教育应崇尚自由教育的精神。

《教育法》规定国家的教育方针要着眼于受教育者及社会长远发展的要求，面向全体学生以全面提高学生的基本素质为根本宗旨，以注意培养受教育者的态度、能力，促进他们在德、智、体等方面生动、活泼、主动地发展为基本特征。要实现《教育法》所规定的教育目标，必须全面实施素质教育。

一、素质教育及实施素质教育的经验

素质教育中的素质指的是广义的素质。"素质教育"一词出现于 20 世纪 80 年代中后期，是我国教育工作者为适应现代化的教育改革而提出来的。尽管教育工作者对素质教育的定义各不相同，但其核心意义基本上是一致的，即都强调素质教育的根本目的是全面提高和完善受教育者的基本素质，尊重受教育者的主体及其主动精神，要依据人的发展和社会发展的实际需要，开发人的各种潜能，发展健全人的个性。由此可见，素质教育的目标是使受教育者得到全面的发展，着重培养受教育者的能力，发展受教育者的个性。

我国实施素质教育的经验：（1）转变教育思想、更新教育观念。（2）创设良好的外部环境。（3）构建相应的目标体系、评价体系。（4）建立健全激励机制、保障机制。（5）完善教科研制度。（6）建立高素质的教师队伍。

在学校，教师会教，学生才能会学；教师乐教，学生才能乐学；教师善教，学生才能善学。素质教育对教师的素质也提出了较高的要求，教师不仅自身要有全面的教育专业知识和较强的教育科学研究能力，而且要在传授知识的同时挖掘并发展学生的潜能，这也给教师教育提出了更高的要求。

二、教师教育

（一）教师教育的含义

《中共中央关于教育改革全面推进素质教育的决定》明确提出："完善教师教育体系，深化人事制度改革，大力加强中小学教师队伍建设。"这是"教师教育"概念首次在我国正式文件中出现。所谓"教师教育"是对教师职责、职位进行的综合教育。教师必须进行职前教育（师资培养）和继续教育（在职进修），使教师的培养、任用和进修的各个阶段有机连贯起来，从终身学习的观念出发综合教师的职前教育和继续教育。随着人才市场的逐步开放，教师职业由师范毕业生"包揽"的现象已不复存在，教师岗位的竞争不仅仅在同类院校之间进行，综合性院校也已加入其中。

（二）发达国家教师教育的发展趋势

（1）倡导全民终身学习的理念，重视培养未来教师的实际能力，重视教师的学习经历。（2）改变传统学校教育把受教育者作为被动型接收体，激励教师利用各种现代化科学技术引导受教育者成为主动型发声体，"学知识，学做人，学生存，学共存"，创造有利于充分发挥每个人潜能的生活环境和学习环境。（3）健全并完善"学社联"组织，重新认识社区文化教育的功能。（4）已由过去培养"技术员型""工程师型"教师演变为培养"反思型""发展型"教师，这将更有助于培养和发展受教育者的创造性、创新性。

（三）中国的教师教育

中国教师教育先后经历了模仿日本型师范教育制度、仿效美国型教员养成体制，后又转变为前苏联型社会主义师资培养培训制度三个阶段。1999年中国第三次全国教育工作会议明确提出综合性大学可参与创办师范教育。通过借鉴发达国家教师教育的经验，将传统的"一次性师范教育"观念转变成为"终身学习""终身教育"的理念，开启创建有中国特色的现代教师教育体制。

三、素质教育下的教师教育

（一）教师教育最基本的原则是诚信教育

中国古代，曾子以信教子的故事告诫后人诚实守信的可贵，作为人类灵魂工程师的教师必须严守诚信。教师诚信，才能教育学生诚信。诚信乃立人之本，这是儒家思想的核心，也是我们当下严重缺失的。目前，学生考试作弊就像家常便饭，文章抄袭已是司空见惯。校园以及整个社会中不诚信的事情天天发生。笔者曾在一本书上读过这样一个故事：斯坦福大学实行一种"荣誉考试"，这种考试没有监考，教师将试卷发给学生便离开回办公室或搬一把椅子坐在教室外面。上午和下午的考试内容相同，周一至周五也是考同一张试题，只要学生准备好了，就可以过来参加考试。但是考场内没有任何人翻看课本，也没有人偷看他人的试卷，更不会有人提前打听考试的内容。斯坦福大学对不诚信的容忍度为零，一旦某个学生被认定有作弊行为，没有商量的余地，立马开除。通过以上例子，我们可以得出素质教育下教师教育最基本的应该是诚信教育，教师讲诚信，其学生也会学会讲诚信，其学生的学生自然也就讲诚信，整个校园才能成为一片讲诚信的净土，慢慢地整个社会也就会变成讲诚信的乐园。如果整个社会都以诚信为基本准则，那么教育改革就可以顺利进行，社会将朝着良性的方向发展。

（二）教师教育应具有创新教育的理念

中央教育科学研究所的阎立钦教授认为："创新教育是指培养人的创新精神和创新能力为基本价值取向的教育。"创新是一个民族进步的灵魂，是素质教育的着眼点。要有效实施素质教育，培养学生的创新意识和创新能力，关键是要建立一支高素质、创新型的教师队伍。芬兰的基础教育全世界瞩目，芬兰的教师不仅工作诚恳，而且敢于打破传统他们拒绝平凡，具有很强的创新能力。我国的一些教师只是把教学作为一份职业，而非一项事业，教学枯燥、死板，没有激情，不会创新。

（三）教师教育需崇尚自由教育的精神

耶鲁大学校长吉亚迈蒂认为："自由教育就是自由地探究思想，自由地表达思想，在探究真理的过程中将自己的思想与其他思想和精神进行联系的教育。"法国电影《放牛班的春天》讲述的是一个才华横溢，但没有机会发展自己才华的音乐家马修来到一所外号叫"池塘之底"的寄宿学校作学监的故事。这所学校里的孩子不是调皮捣蛋、胡作非为就是性格有缺陷、有问题。校长制定了严格的"行动—反应"制度，实施残酷的惩罚教育，防止孩子们"出现问题"。新来的学监马修在学校里刮起了思想解放和灵魂重塑的风暴，他让学生们创造性地思考问题，让学生们自由地踩上讲桌换一种角度观察事物，让学生们在庭院、树林里自由地活动，张扬自己的个性。面对校长的高压，马修给孩子们留出了一点自由的空间，将孩子们组成了合唱团，试图用音乐去净化孩子们的心灵，激起他们对生活的渴望和自我价值的认可。影片对我们现行的教育体制和教育方法有着极强的借鉴意义。我们从影片中可以得到启发，教育要用平等、自由的方式和以人为本的原则。教育的本质在于思想的自由，灵魂的升华，最终造就完善的人。影片中马修的这种追求个性、追求教育自由的精神将影响一代又一代的教师。

华东师范大学的叶澜教授在其著作《教师角色与教师发展新探》一书的导言中说："我们坚信，没有教师生命质量的提升，就很难有高的教育质量；没有教师精神的解放，就很难有学生精神的解放；没有教师的主动发展，就很难有学生的主动发展；没有教师的教育创造，就很难有学生的创造精神。"由此可见，要适应现代化的教育改革，全面推进素质教育的实施，必须改革师范教育，培养诚实守信且具有自由教育理念的创新型人才，加强教师在职以及职后的培训，提高教师队伍的整体素质。

第三节　教师教育变革的历程、经验与挑战

改革开放四十多年以来，教师教育体系得以系统重构，教师教育模式不断创新，不断探索，形成了具有中国特色的教师教育发展模式。在这四十多年里，面对基础教育在规模上的扩张和质量上的提升，我国教师教育工作广泛借鉴国际上成熟的教师教育经验，持续修正和优化育人模式和组织结构，使 1 400 万规模的基础教育师资队伍持续得到更新并提升了层次，自身还经历了从"定向封闭的办学体系"向"非定向开放办学体系"转型，在转型过程中又不断在定向与非定向、封闭还是开放间的动态调整，最终呈现出"多元化教师教育实践样态"。总结四十多年来我国教师教育发展历程，厘清教师教育变革路径，总结教师教育发展经验，清晰教师教育在未来发展中面临的挑战，对形成具有中国特色教师教育发展模式，助力基础教育深度变革和创新发展有着极其重要的意义。

一、教师教育的变革历程及发展路径

改革开放四十多年，教师教育经历了师范教育体系重构、开放式办学模式探索以及多元化非定型实践样态形成三个阶段。之所以在不同发展阶段尝试不同路径，主要原因是这四十多年基础教育的巨变导致社会对师资需求发生巨变，教师教育在面对师资需求的巨变时，需要选择和尝试不同发展路径来满足这种需求。教师教育在这三种变革路径上的选择，其限制条件是要满足基础教育不同发展阶段师资的新需求，从而争取更丰富教师教育资源配置。

（一）师范教育体系的系统重构

1978 年教育部颁发《关于加强和发展师范教育的意见》，强调师范教育对发展教育事业和提高教育质量的重要地位，启动了师范教育体系重构的大幕；1980 年召开的全国师范教育工作会议，总结了新中国成立以来师范教育的经验和教训，特别是纠正了过去十年在师范教育中的错误与乱象，随后出台了包括《关于大力办好高等师范专科学校的意见》等一系列文件，系统规划了各级师范院校的培养目标和办学任务，以"师范学校、专科学校和师范大学"为主的传统三级师范教育体系的构想初步形成。1985 年颁布的《关于教育体制改革的决定》中提出"把发展师范教育和培训在职教师作为发展教育事业的战略措施"，师范教育和在职教师培训"分线发展"得到了认可和强化。20 世纪 90 年代，随着整个高等教育市场化气氛日盛，在大家对师范院校的独立性有所犹豫的时候，1996 年全国师范教育工作会议再次召开，这次会议再一次强调"必须坚持以独立设置的师范院校为主体的师范教育体系"，从而"使庞大的中小学教育新师资的培养和在职教师的培训有稳定的基地"。1996 年 12 月 5 日，原国家教委下发《关于师范教育改革和发展的若干意见》

中，明确了当时的主要任务是"健全和完善以独立设置的各级各类师范院校为主体，非师范类院校共同参与，培养和培训相沟通的师范教育体系"。该文件的主要精神还是在强调在独立设置师范教育体系的基础上推动非师范类院校共同参与，在强调培养和培训体系相对独立的基础上要相互沟通。至此，相对独立而又系统完善的师范教育体系（包括在职教师培训体系）日臻成熟。

（二）开放性教师教育体系的实践探索

尽管1996年的师范教育工作会议肯定并坚持独立师范教育体系的发展模式，但随着基础教育规模的急速扩大以及人民对高质量教育需求的增长，相对独立的师范教育体系越来越难以满足基础教育对教师多元化和高质量的需求，打破师范院校对教师培养的垄断，整体升级师范教育体系，并对在职教师进行层次提升而非技能丰富，成为那个阶段教师教育需要应对的主要课题。1998年，教育部出台的《面向21世纪教育振兴行动计划》中第8条提出"要加强和改革师范教育，提高新师资的培养质量。实力较强的高等学校要在新师资培养以及教师培训中做出贡献"。开始有了师范教育要向"实力较强的高等学校"开放的苗头。1999年3月16日，教育部印发《关于师范院校布局结构调整的几点意见》，提出"从现在起，我国师范教育的发展趋势是：（1）以师范院校为主体，其他高等学校积极参与，中小学教师来源多样化；（2）师范教育层次结构重心逐步升高；（3）职前职后教育贯通，继续教育走上法治化轨道，以现代教育技术和信息传播技术为依托，开放型的中小学教师继续教育网络初步建立。"随后，在1999年全国教育大会之后，中共中央、国务院出台的《关于深化教育改革全面推进素质教育的决定》中第18条鲜明地提出"加强和改革师范教育，大力提高师资培养质量。调整师范学校的层次和布局，鼓励综合性高等学校和非师范类高等学校参与培养、培训中小学教师的工作，探索在有条件的综合性高等学校中试办师范学院。"于是，自1999年始，师范教育体系进行了大规模的结构调整，主要表现在三个方面：一是通过实施教师资格制度逐步实现中小学教师补充与人才市场接轨，实现了中小学教师来源多样化；二是进行师范教育资源的战略性重组，积极发展高师教育规模，稳步压缩中师教育规模，中师通过合并到师范专科学校或者融入教师进修学校而数量锐减；三是整合职前培养和职后培训的资源和院校，开启了教师教育一体化工作。

依托高质量的综合性大学，培养优质的基础教育教师，实现中小学教师来源的多样化，从而建立开放的教师教育体系，这是自1999年起教师教育事业矢志追求的办学目标。为了发挥综合性大学在教师教育工作中的作用，同时让师范院校融入高等教育体系，我国广泛借鉴美国自20世纪初开始的教师教育大学化模式，在鼓励综合性大学创建师范学院或者教师教育学院的同时，充分利用师范教育资源战略性重组的机会，升级整个师范教育体系，并借机统筹整合以师范生培养为主的师范教育体系和以教师培训为主的职后教育体系，旨在形成职前职后一体化的开放式教师教育体系。与此同时，我国顺应当时高等教育市场化的进程，逐步从免费师范教育或者师范生奖学金制度，向收费教育全面转型，推动基础教育师资补充市场机制的形成。在《关于师范院校布局结构调整的几点意见》中，教育部提出要"坚持分区规划、分类指导、分步实施原则，在国家宏观政策指导下，加强省、自治区、直辖市对本地区师范教育的统筹权、决策权。"尽管紧随其后强调了"要利于加强师范教育"，但地方政府在进行师范院校调整时，往往基于本地高等教育整体发展考虑，不仅仅统筹整合了师范教育资源，更是统筹整合了当地所有的高等教育资源，于是原来的中等师范学校并入了当地师范专科学校，师范专科学校要么直接升格为地方性综合大学，要么并入地方性综合大学，原本专注于师范教育的师范专科院校没有了，他们原本承担的教师教育功能能否有效实现，完全取决于地方性综合大学的定位和意愿了。

（三）多元化教师教育实践样态的形成

通过引入综合性大学的学术资源，丰富教师教育的学术内涵；通过教师教育资源的战略性重组，提升教师教育的学历层次，如此教师教育发展理念设计堪称完美，也的确提升了教师教育的办学层次，"20 世纪末我国实现'两基'目标，加之学龄人口、教师供求关系的变化，中小学教师队伍建设的主要目标从全力满足数量要求转移到更加注重提高质量。教师教育的办学层次相应地从中师、大专和本科的'旧三级'向专科、本科和研究生'新三级'转变"。但是，"中国教师教育进入大学化阶段后，一些问题也逐渐暴露出来，在中师升格为高专、高师或并入综合性院校方面问题尤为突出"。尽管教师教育体系向综合性大学开放了，但综合性大学对培养教师兴趣不大，绝大多数综合性大学承接了教育学科建设和开展教育科学研究的任务，成立了相应的教育学院或者教育科学学院，但成立以教师培养为主的师范学院或者教师教育学院的几乎没有。而以原来师范专科学校或者师范学院为主形成的地方性综合大学，尽管在成立时要求"以师范教育建设力度不减"为前提，但事实上，成立之后都在一定比例上缩减了师范生招生比例。随着师范院校招生学历层次的提升，师范院校还失去了提前招生的资格，失去了中等师范学校在初中毕业生中优先挑选学生的资格，不得不面对在同一办学层次高校中招录较低水平学生的现实。"新中国成立至 1996 年，我国师范教育实行的是免费教育（主要免学费）政策。1996 年，大学招生并轨，师范教育逐步开始收费，教师教育经历了从免费到收费的政策调整过程，在此过程中出现了一些问题，对我国教师教育造成了一定的冲击。"为此，国家层面从 2007 年开始，首先从六所部属师范大学开始执行免费师范生政策，随后各省也积极响应并实施免费师范教育，从按照市场原则收费退回到实施免费教育，旨在吸引优秀人才报考师范院校，从而为基础教育培养优秀教师。2017 年，教育部教师工作司负责人明确表态，现有的师范院校在"十三五"期间一律不更名、不脱帽，聚焦教师培养主业，改进教师培养机制、模式和课程，加强教师教育体系建设。至此，不论是教师教育体系的开放程度，还是教师教育大学化进度，都被定格在当下，似乎完美的开放性教师教育体系不得不因实践需求而进行妥协和优化，当前的教师教育现状是多元化教师教育机构并存，但整体形态并没有明确下来的实践状态。

二、教师教育的变革经验与实践成效

经历了改革开放以来的教师教育变革，我国不但建立起了相对完善的国家教师教育体系，而且在变革过程中还顺应基础教育的师资需求，保障了超大规模师资队伍的足额供应，推动了整个师资队伍的持续更新和品质提升。这四十多年里，不论是教师教育体系的自我建构，还是应对基础教育不断变化的师资需求，教师教育都有效地完成了这个时代赋予的使命，尽管整个过程可能有反复，但整个过程却是对教师教育实践的有效回应，所以我们不但要看到变革过程的反复，更要去总结这四十多年教师教育变革给我们带来的经验，从而让教师教育体系在未来发展中更加稳健，使其能够高效满足基础教育对师资更高水平和更高质量的需求。

第一，以师范院校为主才能确保国家大规模师资队伍的持续供应。我们是一个拥有近1 400万中小学专任教师的国家，这是一个基本事实，也是我们讨论教师教育改革的基本前提。有这样一支超大规模的中小学师资队伍，意味着保障这支队伍的持续更新，已经成为我们讨论教师教育变革不容回避的课题。的确，在保障超大规模师资队伍持续更新的同时，教师教育有着不断提升师资队伍质量的任务，甚至要通过培养未来教师引领基础教育深度变革，但完成这个任务究竟是通过教师教育体系的做大做强来实现，还是借助外在于教师教育体系的力量与资源来完成，不同的选择与尝试可能将教师教育引向完全不同的方向。师范教育体系从建立之初，就有着与高等教育不同的基因，师范教育发展过程依靠的是教师知识增长，虽然和高等教育的知识创新有着一定的相似性，但教师知识增长以经验的积累和提炼为主，和实验室的验证和逻辑上的论证有着本质性的区别。从知识的学术地位和科学知识的论证性来讲，教师从经验中积累和提炼出来的实践类和实用性知识，的确比从实验室得到验证和在逻辑上得到论证的知识稍逊一筹。因此，我国不断提高教师教育体系的学术含量，推动师范院校融入高等教育体系，甚至直接为综合大学开展教师教育工作创造条件，从而建立开放的教师教育体系，但这似乎并不是综合性大学的兴趣所在。从最近二十年综合性大学对待教师教育的态度来看，他们只是对开展教育学科建设和教育科学研究有兴趣，但对以培养师范生为主的教师教育并没有真正的行动起来。"从机构级别上看，'985'和'211'院校中参与教师培养的高校数量也呈逐年减少的态势；与此相对，'985'和'211'以外参与教师培养的其他院校的数量则逐年增多。这表明高水平院校参与教师培养的热情仍旧不高。"因此，尽管开放的教师教育体系能够带来活力，与高等教育体系的合流也会提升教师教育的品质，但要维持并不断充实如此庞大的师资队伍，开放性和市场化很难完成这个任务，一个相对独立的、以师范院校为主的教师教育体系就显得非常有必要。"消极的方式是在教师待遇仍然不高、大学毕业生仍然不想当教师、教师资源仍然缺乏的情况下，为了保证维持基础教育所需的师资，保留独立建制的师范院校和定向型封闭式师范教育体系"，尽管这种方式仅仅是一种消极的模式，但却是现阶段务实的选择，"综合大学教师教育中的种种问题昭示我们仍然可以坚持师范院校的教师教育，仍然应该坚持师范院校的师范定位和特色。"

　　第二，师德培养和情怀培育是稳定超大规模师资队伍的前提。尽管师资队伍建设还有着各种各样的问题，比如学历层次相比发达国家有一定的差距，师资队伍内部还存在一些失德现象，个别教师专业水平还有待提高，教师群体的职业倦怠程度比较严重，但面对近1 400万中小学教师组成的队伍，教师工作的敬业程度和整个队伍的稳定程度是令人放心的，这应该也是师资队伍建设的重大成绩。之所以能够造就这支敬业而又稳定的超大规模师资队伍，既与师资队伍的使用与管理有关，也与长期以来我们坚持"以德为先"的教师教育模式有紧密联系。由于教师提供的教育服务属于公共产品，这使得教师的教育价值有明显的外溢现象，从而导致教师获得的个人收益远小于职业付出。因此，只有那些能够享受教育过程的人，或者对学生成长具有内在成就感的人，才愿意在这个行业中坚持下来。所以，教师这个行业的独特性，除了知识与技能的专业特质之外，还在于对教育情怀和师德水平有独特要求。在我国的《教师教育课程标准（试行）》中，把教师专业成长分成了三个领域：教育信念与责任、教育知识与能力以及教育实践与体验，不但给了教育信念与责任1/3的分量，还置于三个领域的首位。在2017年11月通过的《全面深化新时代教师队伍建设改革的意见》中也将"突出师德"作为建设新时代教师队伍的五大原则之一，而且在具体建设内容的第一项就是"着力提升思想政治素质，全面加强师德师风建设"；2018年2月，由教育部等五部门联合印发的《教师教育振兴行动计划（2018—2022年）》提出了实施该计划的五大目标任务，其中"落实师德教育新要求，增强师德教育实效性"也排在五大目标任务的首位，再一次证明在教育行政部门的眼中，教师的师德居于多么重要的位置。

　　第三，重视教学技能培养是现阶段提升教师水平的可行路径。在教师教育不长的历史进程里，师范性与专业性成为经典之争，由于师范生受制于学习时间和学习资源的有限性，所以其学习内容不得不在专业知识与教学技能之间进行选择。很多时候，人们都把专业知识与教学技能的重要程度，作为师范生学习结果的评价依据。事实上，专业知识和教学技能在教师专业成长中发挥的功能各不相同，自然不能在重要性上进行对比。但究竟应该让师范生学习更多的专业知识，还是掌握更多的教学技能，除了重要性之争，还受到可行性的约束，毕竟掌握专业知识与教学技能的前提条件不一样，可持续学习的空间也不一样。让师范生掌握更丰富的专业知识，或者让师范生对专业知识的理解更加深刻，这既对教师的专业性有很高的要求，对学生悟性和学习主动性要求也很高；相对而言，不论是培养学生的教学技能，还是传授教育教学知识，对教师和学生的前提性要求相对更低，在可行性上胜于专业知识的传授与学习。就我国教师教育的发展阶段，以及整体生源质量来看，对师范生专业知识的教育有其必要性，但面对基础教育超大规模师资需求，在教育知识的传授和教学技能的培养上更有必要性。教育部颁发的《师范类专业认证标准（试行）》中规定，公共基础课中人文社会与科学素养课程学分不低于总学分的10%，学科专业类课程学分不低于总学分的50%，教师教育类课程要符合《教师教育课程标准（试行）》的要求。

而《教师教育课程标准（试行）》中要求教师教育课程不得少于 14 个学分，这还不包括完整的一学期教育实践活动，如果按照 8 个学期 160 个总学分计算，那么学科专业课程不低于 80 个学分，而教师教育类课程则不低于 34 个学分。更有意思的是，对于教师教育类课程在目标领域、课程类别以及评价标准上都有具体规定或者指导性意见，但学科专业类课程由于类别过于丰富以及指导难度太大，在现有的各种各样政策中均找不到相应的指南或者准则性规定。

第四，课程和质量标准的规范化是教师教育质量的基本保障。尽管期望建立一个开放性的教师教育体系，但就现状来看，师范院校仍然是一个相对封闭的教育系统。既然师范院校能够组成一个教育系统，这就意味着系统内依然存在着不同层次、不同质量、不同类别的师范院校。对于我们这样一个地区差异、文化差异、经济差异巨大的国家，需要培养能适应特定教育需求的个性化教师，也需要发挥不同师范院校在教师教育上的自主性，但不管是教师的个性化，还是师范院校教师教育的自主性，都要以基本教学要求的达成为前提，否则培养个性化教师和享有教师教育自主权，就成了降低教师教育质量的借口。为此，从 2010 年起教育部就着手建立教师教育标准体系，时任教育部部长袁贵仁在出席师范生免费教育与教师教育创新座谈会时表示，我国要进一步完善教师教育的相关政策，在创新教师培养模式、逐步建立教师教育标准体系、研究制定和完善教师资格标准等方面进行探索，我国教师教育的标准正在向着一种良性的发展方向前进。2011 年 10 月，教育部正式颁布了《教师教育课程标准（试行）》；2012 年 2 月，教育部印发了《幼儿园教师专业标准（试行）》《小学教师专业标准（试行）》和《中学教师专业标准（试行）》；2013 年 2 月印发了《义务教育阶段校长专业标准》；2015 年 1 月印发了《普通高中校长专业标准》《中等职业学校校长专业标准》《幼儿园园长专业标准》。正是这一系列标准的制定和实施，为不同层次、水平各异的师范院校教师教育工作指明了方向，对课程设置和培养目标提出了具体要求，其是整个教师教育体系教育质量的基本保障。

三、变革教师教育的挑战及政策建议

改革开放四十多年，是我国现有教师教育体系建构以及教师教育育人模式形成最重要的时段，尽管体系建构依然还在独立性与开放性之间徘徊，育人模式还在专业性与师范性之间犹豫，但教师教育体系建设已经相对成熟，育人模式也取得了明显成效。在教师教育的未来发展中，我们面临的不再是体系建构与育人模式形成这么重大的问题，而是如何在教师教育融入高等教育过程中保证教师教育机构兼具师范性与学术性，如何在市场背景下培养师范生的教育情怀与崇高师德，如何在技术时代培养更富教育智慧的教师等问题，问题看起来不如体系建构那么重大，但丝毫不影响它的重要性，教师教育如何应对这些挑战，不但决定着为未来培养什么样的教师，还决定着教师教育本身朝着什么方向发展。

第一，师范院校普遍面临学术挑战，但需要政策引领，明确师范院校的学术追求是以发展教师教育为目的，还是以远离教师教育为手段。不仅仅是我国的师范院校，包括从

20 世纪初就想融入高等教育体系的美国师范院校，直到今天依然在高等教育体系内享受不到与其他专业院系同样的学术地位和学术影响力，对师范院校最大的挑战依然是如何提升学术品质，从而在高等学校评估中获得一个好的成绩。事实上，师范院校从成立之初，明确的教师教育导向和大规模办学的需要，就使得它与追求学术发展为导向的高等教育模式有所不同。"从某种意义上说，师范院校的建立是现代国家建设的组成部分，并且与大学有着截然不同的价值理念。大学的理念起源于中世纪，在 19—20 世纪的公立高等教育系统中以不同的形式发展起来。为大众教育系统服务的教师培养是为了教育儿童成为忠诚并贡献于社会的公民的目标，这就需要有一套与传统大学的主流理念有所不同的价值观。"诚然，师范院校也应该追求学术发展，从而提高师范院校自身的学术品质和教育内涵，但国家在评估师范院校时主要以教师教育功能的履行情况为标准，包括数量的完成情况，也包括质量的提升情况，其中质量提升就包含了师范院校的学术品质以及将学术品质转化为教师教育品质的能力。用学术标准来评估师范院校，最终的结果是师范院校逐步远离而不是更加亲近教师教育，而且即使在远离教师教育的情况下，也很难在高等教育体系中取得顶级的学术地位和影响力，毕竟师范院校的学术发展是"业余的"，而综合性大学或者其他专业性质的大学，在学术发展中是"专业的"，当然也是"专攻的"。因此，在师范院校的发展中，既要督促和支持师范大学参与常规的学术发展活动，更要根据师范院校教师教育功能的履行情况，给予其独特的资源支持和政策保障。用高等院校统一的学术判断标准来要求师范院校，本身就是对师范院校不公正的评价，最终的结果不仅难以培育具备一流学术水准的师范院校，还会让师范院校离教师教育越来越远。

第二，师范生教育情怀遭遇市场化就业的挑战，育人过程需要兼顾"德"与"业"，但也需要更好的就业前景和工作待遇。就业前景不但影响师范院校的生源，也影响师范生在校学习的主动性和投入程度。就业前景好，师范院校或者师范专业招生竞争就大，招录到的生源质量自然也就好；就业前景好，师范毕业生在就业市场中的竞争也就更激烈，其必然导致他们在学习过程中更加主动，更加投入。可目前的情况并非如此，为了保证生源质量，吸引更优秀的人才来当教师，我们又回归了师范生公费制度或者师范生奖学金制度；为了吸引师范毕业生去国家最需要的地方任教，实施了特岗教师制度；为了让师范生在目前的就业环境下能够安心任教，负责任地任教，有爱心地任教，从师范教育到在职教育，都强调教育情怀的培育和崇高师德的养成。然而，在教师职业没有足够吸引力的情况下，不但我们找不到期望中的优秀人才，而且当下教育情怀的培育和师德的养成，也只是对教育就业环境的补偿性教育，远没有达到加强师范生教育情怀、让师范生对教育意义的理解更加深刻等具备引领性的教育目的。因此，不管是要改善师范院校的生源质量，还是要提高在校师范生的学习积极性，良好的就业前景和较好的工作待遇都是非常有必要的。只有就业前景和工作待遇具有吸引力了，对学生教育情怀的培育和师德的养成，才能从目前的相对消极的补偿性教育，过渡到更加积极的引领性教育，让师德不仅仅是对学生提出一些浅层次的要求或者行为层面的工作原则，更是进一步深化教育教学的意义，能帮助未来的教师寻找到教师职业内在的育人价值，而不是受困于外在的职业收益与职业地位。

第三，教师学科内涵的缺失面临可持续发展的挑战，在通过丰富教师教育课程和延长实践教学来增强师范性的同时，亟待学习年限的增加或者学历层次的提升来充实师范生的学科内涵。之所以存在师范性与专业性之争，是由于对师范生的要求很高而学习年限不够所致，所以才必须在两者之间进行非此即彼的选择。对师范性的强调，对师范生教育教学知识和教学策略的重视，可以让教师更有效地开展教学。但是，只有师范生具备足够的学科知识，对学科本身有深刻的理解，有丰富的学科内涵，才能决定教师所教内容的科学性和针对性，这是通过掌握再多的教育教学知识和教学策略都无法替代的。"仅就知识本身的深度、高度、广度而言，师范院校各专业与同级院校相同专业相比，普遍偏低，这是不容讳言的事实"。如果不增加师范生的学习年限或者不提升师范生的学历层次，对师范类课程的强调和丰富，自然就是对专业课程的忽视和削弱，很难想象失去学科内涵支撑的学科教师在专业发展的道路上能走多远。因此，在重视教师教育课程和实践教学的情况下，随着基础教育育人要求的提高以及基础教育课程改革的深入，师范生学科内涵缺失的问题会变得越来越严重，这就需要通过学习年限的延长或者学历层次的提升，当然最好是两者的叠加，来增加师范生学习学科课程的时间，保障师范生得到可持续发展的机会。

第四，传统教师教育课程体系面临信息技术的挑战，教师教育课程体系不但要纳入新的信息技术工具，更要用信息技术深度改造并重新表达现有的教师教育课程。信息技术已经广泛渗透到我们日常生活之中，改变了我们日常生活的习惯和习性；信息技术对教育教学的改变程度，大大小于对我们日常生活的改变，毕竟日常生活是不设防的，而教育教学是一个相对封闭的系统，对信息技术的接受需要更长的过程；与此相类似，信息技术对教师教育课程体系的改变，又大大小于对教育教学活动的改变，因为教师教育课程体系更加封闭，对外界的设防程度更高。目前教师教育存在的最大困境，就是教师教育课程体系的现代化程度，低于学校教育教学活动的现代化程度，教师在教育教学活动中所需的知识与技能，较大比例来自工作现场的学习和工作后的继续教育。因此，2011年试行的《教师教育课程标准》到今天需要进行深度调整，不但要充实新近成熟起来的教育信息技术与工具，更需要将现有的课程内容与信息技术相融合，而且在课程内容的表现形式上，也需要借助成熟的信息技术及其工具，让其能够被当代师范生所理解和接受。当然这一切的改变，又牵涉到另外一个更深层次的话题，那就是教师教育者接受信息技术的程度以及被信息技术改变的程度，这一切目前看并不乐观。

经历改革开放以来四十多年的建设与变革，教师教育不但为超大规模基础教育师资队伍的持续更新做出了贡献，还不断完善了育人模式和优化教师教育体制，为基础教育发展提供卓越教师打下了坚实的基础。展望教师教育的未来，需要更深刻地分析社会发展和教育发展对师资的新需求，把握为教师教育发展提供的新机会和营造新氛围，明晰未来发展的目标和解决亟待破解的新问题，从而保证教师教育在未来发展中更有针对性和有效性，不但为未来培养合格的教师，还让自己得以更新与完善。

第四节　教师教育发展趋向：知能与精神的双向成长

随着科技技术的不断进步，人类正在通过大数据、人工智能等信息技术改造教育，使得科技与教育的关系越来越紧密。对技术的崇拜，对知识与技能工具化的泛滥，遮蔽了人内在精神的价值。这种现象也存在于教师教育中，以知识为中心、以技能培养为核心的教育，缺少对教师精神成长的关注。以知识、技能学习为本位的教师教育引发的一系列问题已越来越凸显，越来越标准化、程序化、操作化的教育培养的教师存在教育意识薄弱、信仰缺失、缺少反思精神、缺乏改革与创新意识与能力等问题。而一个教育意识薄弱、信仰缺失、缺少反思精神、缺乏改革与创新意识与能力的教师，必定会陷入机械重复的教育活动中，教育理念和教育行为难以得到更新与转变，势必大大降低教育的质量。显而易见，这种注重知识、技能、技术的教师教育已经不再满足时代对教师的要求和教师的专业发展。

以亨利·吉鲁克斯、彼德·迈克拉伦、保罗·弗莱雷等人为代表的批判教育学认为教师的内在精神应该成为教师专业素养的核心要素。这一理论观点为我们解决以知识、能力为本位的教育带来的一系列问题提供了新的思路和方向。关注教师的精神成长，是教师教育改革的趋势，也是教师教育研究的重要课题。

一、教师教育的新挑战：拨开知能的迷雾、回归精神家园

（一）知能的迷雾——以能力为本位编制标准的流行

从 20 世纪中期开始，全世界范围内以能力为基础的教师教育模式逐渐为大众所认可。以能力为基础理念的教师教育模式的典型产物是教师专业标准。美国是欧美国家中最早编制教师专业标准的，其历史大致可追溯到 19 世纪初。标准的编制，最初是为了规范学校办学的最低标准，逐渐演变为国家性和全国性的教师专业标准。标志性事件是 1989 年，美国国家专业教学标准委员会发布了里程碑意义的文件《教师应当及能够做什么》，其中提出成功教师的五条核心建议，涉及对教师的知识与能力要求。20 世纪 90 年代之后，最具代表性的教师专业标准是美国洲际初任教师评量与支持联盟（intasc）于 1992 年编制的教师十项核心能力，包括了解任教学科；了解并协助学生的个体发展；了解个别差异并创造教学机会；善用教学策略引导学习；创造有益于学习的环境；运用不同媒介创造积极的班级互动；安排教学计划；善用评价技术；是反思实践者；与同事、家长、社区保持良好互动关系。2000 年，美国全国教师教育认定委员会（National Council for Accreditation of Teacher Education，NCATE）颁布《美国国家专业教学标准》，针对不同教师制定了 30 套标准。除了美国，英国、德国等发达国家也编制了教师专业标准（或专业教学标准），制定标准一时风靡。

相对于欧美发达国家，我国的教师专业标准编制起步较晚。教育部自 2010 年陆续开始编制《幼儿园教师专业标准》《小学教师专业标准》《中学教师专业标准》《中小学教师教育技术标准》等，针对不同阶段教师的能力标准提出了具体的指标，甚至针对某阶段教师的教育技术能力专门编制了标准。这些标准以一个个的具体指标（或要求），对幼儿园、小学和中学合格教师专业素质提出了基本要求，这些能力要求大致包括专业理念与师德、专业知识以及专业能力三部分，60 多条基本要求。每个标准的要求中，都明确提出了幼儿教师应具备的专业知识与专业技能，占总内容比例的 70% 以上。由此可见，标准尤其强调教师教育教学知识与专业能力。中国教育科学研究院 STEM 教育研究中心于 2018 年编制了《STEM 教师能力等级标准（试行）》，针对教师的 STEM（Science、Technology、Engineering、Mathematics 的缩写词）学科综合教学能力提出了 35 条能力指标。国内外对于编制标准的热衷，一定程度上反映出当前教师教育以工具理性主义为价值取向。这些标准是以能力为基础教育理念的产物，其对教师专业知识与技能（知能）的过分重视，折射出当前教育界，乃至整个社会发展中精神的贫乏，时代呼唤回归精神的教师教育。

（二）精神的迷失——以知能为本位导致精神缺位

当代教师教育的精神迷失具体表现为以知识为中心、以能力为取向的教师教育大行其道，考察一名教师是否合格的标准是其专业知识与专业能力是否达标。帮助学生掌握更多的教育学知识、教育教学方法、新的教育技术等成为高职高专院校培养教师主要的、必要的内容，同时在职后教育，这一教育取向仍然扮演着重要的作用，亦是教师职后专业成长的主要内容。

精神成长是人内在的本质的成长，它是伴随着人的生命成长过程而表现出来的人的本质力量的扩充和拓展，体现出人精神世界的丰富和精神境界的提升。教师的精神成长是教师选择教育实践的价值标准与理想境界，是教师教书育人的精神内核，是教师从事教育活动所体现出的专业热忱与职业操守。教师的精神成长不是某一阶段某一时期的顿悟，而是一个动态变化的过程。精神成长的过程，贯穿教师的在校学习和整个职业生涯。柏拉图说："教育无他，乃心灵转向。""心灵的转向、灵魂的唤醒"靠的不是单纯的知识、技能的学习，而是教师持续不断地进行个人精神成长。在各种各样标准盛行的今天，部分教育人误入了以知识为中心、以能力为本位的迷信中，错误地认为只要教师掌握大量的知识与技能便可以解决教育的所有问题，造成了教师职业倦怠、教育意识薄弱、缺乏创新意识与能力、缺少反思。教师专业成长的最终目标不在于知识增长、技能精进、业务熟识，而在于对爱与本真的呵护、信仰与信念的坚守、内心精神世界的不断丰盈。

二、教师教育的趋向：知能与精神的双向成长

关注教师内在、精神层面的成长，能使我们的教师教育拨开知能的迷雾，回归精神的家园。作为专业教师，知识与技能的重要性毋庸置疑。教育无法脱离精神去教授知能，知

能的学习必定以认同、热爱、坚持等精神为前提。知能与精神的双向成长是未来教师教育的趋势，而在追求知能与精神双向成长的目标下，重新追问教师教育的本质、探明培养的目的、重构教师教育内容是我们迈向新时代教师教育绕不开的话题。

（一）对教师教育本质的探究：成人而不是"造人"

一直以来，人们常把教师比喻为园丁、蜡烛，园丁是勤劳的、细心的，蜡烛是甘于奉献，甚至牺牲自己的。这些比喻反映了社会对教师职业的期待与要求：无私奉献、舍己为人。由于教师职业的特殊性，从业者要具备爱与无私的奉献精神。夏丏尊先生在翻译意大利作家亚米契斯的名作《爱的教育》时说："教育上的水是什么？就是情，就是爱。教育没有了情爱，就成了无水的池，任你四方形也罢，圆形也罢，总逃不了一个空虚。"这说明，教育、教师要是没有了爱、没有了情，就只剩下一具空壳。高师院校作为教师培养的摇篮，其本质是培养有情有爱的教师，高校教育工作者应牢牢树立教育理念。

钱穆先生有过著名的论断，西方的教育过于功用，过于理性，失去了中国古代教育的诸多雅趣与情意，他称"中国人言礼教、风教，亦可谓之情意教。中国传统之教育精神则正在此"。"造人"的教育过程客观、冷漠、严肃，课堂教学往往以统一的教育目标，要求学生掌握相应的知识、技能，缺乏"情意教"的过程。真正的教育过程，应关注学生的个性特质、情感体验，教育者要温情有爱，成就每一个学生，做有温度的教育，不用一个标准衡量学生。教育要关注学生的知识与技能，更要关注通过培养学生表现出的对教师这一职业的"情"和"意"、对儿童的"情"和"意"、对家长的"情"和"意"。教师的专业发展不是被动、被迫的，而是一个主动吸收的过程，即个体自觉主动构建自我与世界、他人、自身内部精神世界的过程；因而，真正的教育更能引发学生的主动建构，引发内部精神的"同化"与"顺应"。

教育工作者教书育人，首先他要是一个具有完整人格特质的人，其次是拥有教育教学的知识与技能。因此，要做有情有义的教育人。

（二）对教师教育目的的探寻：培养有精气神的教师

20 世纪以来，人类对教育目的的探寻从未停止，形成了三种最具代表性的观点：人文主义教育目的观、科学主义教育目的观和科学人文主义教育目的观。三种观点的产生与三大文化思潮息息相关。人文主义教育目的观强调以人为中心，以不断追求人自身的完善与发展为教育的出发点和落脚点。存在主义认为，教育应关注学生个体而非将学生放在群体中教育，应使学生充分发挥个人才能，必须关心学生本性的发展，使其"敢于成为自己"；教师不仅仅要激发学生潜在的独创性，还必须鼓励学生认识到自己的重要性。存在主义的教育观是成人教育的典型代表，教育的起点是学生，落脚点也是学生，教育的最终目的是培育美好的人性。但是，工具理性主义主宰下的教师教育，强调师范学生的学科知识、教育教学技能，忽视了学生的自我意识、反思意识、创新意识等专业意识的觉醒，忽视了学生关照内心、自由、对话、合作、反思等精神的培育。这种在工具主义驱使下缺少精气神的教师教育，培养出的幼儿教师也必定是缺少精气神的。教育部在《关于实施卓越教师培养改革计划的意见》（教师〔2014〕5号）中明确提出卓越教师培养计划，旨在培养知识广博且能力全面的全能型教师。目前，经过几年的教师教育改革探索，我国已培养了一批具有全能型卓越教师的"型"，但有学者认为要实现从"型"到"性"的转变，对师范生的培养要从过度关注知能的获得转向关注学生是否"德艺双馨""道技相融"，突出精神层面的关注。卓越教师的养成，其首要因素不在于学术卓越而在于精神卓越。可见，关注和强调教师的精神培养已是学者们的共识。

精气神即人的精神气质，人的品性所在。美国实用主义教育家杜威提出"教育无目的"即是对工具主义下教育以教授知识、技能为目的的一种反对，正如爱因斯坦所说："教育就是当你走出校门后，把学校里学的知识全部忘记，剩下的东西就是教育"。所谓"剩下的东西"就是教育给予学生的精神气质。2014年习近平总书记在第30个教师节前夕，考察北京师范大学时勉励师生要做"四有"好老师，即有理想信念、有道德情操、有扎实学识、有仁爱之心。"四有"中的信念、情操和仁爱之心正是构成师范生精气神的重要内容。21世纪的教师教育必是以唤醒教师意识为基础的教育，要唤醒幼儿教师的自我意识、专业意识、职业意识，使其具有教育信念、道德和职业情操、仁和爱，从而激发教师的探索精神、创新精神。师范生的精气神既包括信仰与信念、情操和仁爱，也包括自由精神、反思精神、探索精神、合作精神、创新精神等精神意志。因此，当前我国的教师教育培养亟待从知能为中心的学习，转向以知能与精神双向成长为核心的培养，培育具有坚定职业信念、良好职业道德操守、保守一颗仁爱之心、具有强烈的教育意识、会反思、敢于探索和创新的新时代教师。卓越教师，必是卓然于精神，超越于术业。

（三）对教师教育内容的重构：以知能运用为基础，以精神成长为核心

对教师教育课程内容进行重构，不应以教授教育教学理论知识与教育教学能力为核心，应转向以专业知识与能力为基础，以精神成长为核心。教师教育内容的重构，不仅要关注教师知能学习的价值，更要关注本体精神成长所带来的价值与意义。

首先是教师职业信仰的获得。教师职业的特殊性，需要其具有坚定而崇高的职业信仰。"三学五法"的专业知识，弹唱跳画写等专业技能，这些知能是教师教育的重要内容，但却难以建立教师坚定而崇高的职业信仰。高师院校应开设相应的教育课程，通过知识学习、情景体验和名师案例等方式教授新教师认识师生之间的关系、教师之间的关系、教师与家长的关系等，明确自身的角色定位、情感的投入与管理以及对自身职业和身份的认同等。要在职前教育中明确对职业和角色的认同，获得初步的职业信仰。其次是教师情操与仁爱等品性的陶冶。要开设陶冶教师品性的课程，开展陶冶教师品性的校内外实践活动等，引导学生在见实习的教育场域中追问与反思"我是谁""我应该成为怎样的老师""什么样的教师才能算得上是一位好老师"等问题，引导师范生从过度关注知能转向关注自身品性

的锤炼。最后是教师精神意志的培育。激进建构主义创立者恩斯特·冯·格拉塞斯费尔德在其哲学著作《激进建构主义》中说道："因为建构主义是一种知识理论并明显脱离了传统的认识论……首先要求说明它应当达到什么目的……其目的在我看来有两个方面，一方面应当使学习者独立和没有矛盾地思考；另一方面应当使下一代牢牢保持目前认为最好的行动方式和思维方式。"其深刻反映了当前将一切知识视为工具性的错误教育观念，强调"使学习者独立和没有矛盾地思考"，培养学生独立自主的思维能力并使他们获得有用的知识。职前的教师培养，要更多地关注学生内心的认知冲突，引导学生独立观察与深入思考问题，进一步做出判断，从而培养具有独立思维能力的学生，进而拥有独立的精神意志。拥有独立思维能力的教师，在教育场域中遇到问题能主动地问"是什么""怎么样""为什么"等问题，善于通过不断地追问与探索解决问题，有改革创新的勇气，有独立精神、合作精神、探索精神、创新精神等。

第三章　新时期教师教育课程设置

第一节　教师教育课程设置中存在的问题

《国务院关于加强教师队伍建设的意见》中要求大力提高教师专业化水平："完善教师专业发展标准体系。根据各级各类教育的特点，出台幼儿园、小学、中学、职业学校、高等学校、特殊教育学校教师专业标准，作为教师培养、准入、培训、考核等工作的重要依据。制定幼儿园园长、普通中小学校长、中等职业学校校长专业标准和任职资格标准，提高校长（园长）专业化水平。制定师范类专业认证标准，开展专业认证和评估，规范师范类专业办学，建立教师培养质量评估制度。"但现在的教育体系与教师教育之间是存在差异的，这是否会阻碍教师专业化发展？

教育体系构建、培养目标及规格能够实现的根本措施是教师教育课程设置。我国教师教育应该秉承这一理念，为培养"基础稳、素质高、实践强"的教师构筑合理的知识平台。实现"基础稳"，必须拓宽公共基础课程的辐射范围；培养"素质高"，应该精化和重组学科知识的内容结构；达到"实践强"，则需要加大实践课程的开设力度，最终实现教育公平。为调整和优化我国教师教育课程，教师教育要通过整合课程内容、调整课程结构、加大自主课程的比例以及重视实践体验等措施，构筑"基础稳、素质高、实践强"的教师培养平台，从而更加有效地提高未来教师的综合素质。

一、教师教育课程设置中存在的问题

近年来，随着教师教育改革不断深化，学校虽然在课程设置和内容选取上做了较大的调整和改革，但是仍存在一些问题。

培养教师整体素质的课程是基础课程，它是教师从事师范类教育教学的平台。研究表明，狭隘的知识视野不仅会影响教师自身对所教内容的理解、扩展和迁移，还会使教师在教学过程中难以深入浅出、举一反三。因为受"应试教育"的影响颇深，从业人员尤其是教师有着先天"营养不良"的短板，大部分人在高中就读的时候按照惯例被划分成"文科班"和"理科班"，他们进入综合类大学或师范院校后，又被分到不同的学院和系科，在专业的"围墙"内接受"专业化的"分科培养。随着我国新课改不断加强和深入，基础教育中逐渐综合化的课程与教师教育课程中基本知识的"缺憾"及"不足"的巨大落差，凸

显了教师教育中不相衔接的问题。

二、调整和优化教师教育课程的相关对策

调整教育类课程的内部结构。为了培养社会需要的优秀教师，应着重调整和优化我国教师教育课程：一方面，应调整教育类课程的内部结构，统筹课程内容，为综合化的教师专业奠定基础。因为学科发展的高度分化与综合，学科专业之间的区别和分界变得越来越模糊，长此以往，教师教育的课程改革也将顺应这一发展趋势。现代教师教育强调培养"厚基础、宽口径"的新型教师。教师只有具备宽广的知识结构，综合素质才能提升，也才能适应基础教育的课程改革。但是"广"和"博"不是知识的堆积。要实行科际的整合，形成综合化的知识结构，培养教师洞察、剖析、选择、整合和迁移的能力，这是教师教育课程的重要内容。

教育课程内部的知识应该包含两个层面，一是要加强教育理论课程的整合，如教育学、教育发展动态以及儿童心理学等课程之间的渗透和整合。为加强教育理论课程与教育实践课程的整合，应全面激活知识在践履层面的活力。多关注学生教育知识在实践中的运用，发挥实训实习指导教师在教育中的指导作用；多关注教育体验，提升教师的实践教育活动能力，把教师作为教育的实践主体。二是要注重教师专业化趋势发展。教师教育的核心是教师专业发展。自 20 世纪 80 年代以来，教师专业化成为国际教育界广泛关注的热点，如今已演化为世界性的潮流。教师教育应该"面向基础教育、立足基础教育、研究基础教育、服务基础教育、引领基础教育"的改革原则已在各国达成了共识，但是对于"如何打通教师教育与基础教育之间的沟通和合作渠道"却很少有研究者深入研究，我们的教师教育改革在这方面也未有实质性的突破。

教师教育转型的实质不是培养形式的变化，而是水平的提高。但是教师需要什么样的水平，教师专业化的内容是什么，这些问题在理论上还没有操作性解释。由于在理论上准备得不充分，我国师范教育的改革与教师专业化的发展，面临诸多挑战与机遇。最主要是要把握一条标准，教师教育应该从教育体系的现实出发，更加关注现实，联系实际。

第二节　新时期教师教育课程设置的原则

《关于大力推进教师教育课程改革的意见》和《教师教育课程标准（试行）》是教育部颁布的我国关于教师教育课程设置的规范性文件，对新时期教师教育课程提出了具体的要求，明确了具体的方向。教师教育课程的设置是教师专业化的需要，师范院校应积极调整教师教育课程体系，以教师教育课程设置的原则为依据，合理构建职前教师教育课程体系。

当前，教师专业化已成为世界各国教师教育发展的潮流，培养具有专业化水准的教师

成为国际教师教育改革的目标。未来的教师必须是接受过专业化训练，有较高素养的教育专业工作者。教师教育的改革与发展，适应我国基础教育改革的要求，也是推进教师专业化的需要，可以提高我国教师质量，加强教师队伍建设。我们必须转变师范教育的传统观念，树立教师教育新观念，促进教师专业化。师范教育是职前的一次性的终结性教育，而教师教育是对教师培养和培训的统称，是涵盖了职前、职后教育的一体化教育，教师教育强调"学科性"与"教育性"、"学术性"与"师范性"、"学科专业知识"与"教育专业知识"的统一，是"学科专业教育"与"教育专业教育"的整合。

一、教师教育课程现状及改进课程结构的指导思想

由于长期以来我国教师教育的目标是偏重于培养学科专家型教师，课程体系呈现单一学科纵深发展，没有体现教育学科的特点，教师教育的课程结构仅包括普通文化课程、学科专业课程和教育类课程。这个课程结构看似合理，实际上存在弊端。如课程比例失调，必修课比例过大，教育类选修课比例偏小，教育理论课设置过于单一，只有教育学、心理学和学科教学法；公共课种类过少，教育专业课比重明显偏低；存在流于形式、重理论轻实践的状况。

构建教师教育课程结构的指导思想，是以现代学习理论、课程理论、教学理论和心理学理论为依据，以基础教育课程改革思想和教育部的相关文件为指导，以提高师范生的教师专业化水平为宗旨，以提升师范生的教学能力为核心，立足于对基础教育改革的适应性和自身的可持续性发展，坚持理论与实践的结合，坚持学术性与师范性的统一，构建新的教师教育课程体系，从而使改革后的教师教育课程的基本方向、课程结构能够更加贴近高师院校培养目标，使教育培养目标和课程结构相统一，保证职前教师教育的质量。

二、教师教育课程的设置要遵循的原则

实践性原则。教师专业化决定了教师职业实践性很强，需要教师具有较强的从事教育教学的实践能力。教育部《关于大力推进教师教育课程改革的意见》明确指出，要强化教师教育课程的实践取向，科学设置教育类课程，使学科理论与教育实践紧密结合。教师教育课程应强化实践意识，关注现实问题，体现教育改革与发展对教师的新要求。因此，教育实践性课程的设置是职前教师培养的关键一环，构建职前教师教育课程要突出实践性的原则。一是增加教育实践类课程的比例，可以开设以校本课程的理论和实务为重点的课程论，以教学过程的基本原理、方法和技能为主的教学论与教学法，以课件制作和多媒体运用为主的教学心理学。增设教学技能训练课以加强中学教育教学所需的各个方面技能，强化教育实践的环节，突出现代教育技术训练，并把学生在第二课堂的教学技能训练纳入教育课程体系。二是增加教育见习、教育实习的时间，并做到实习方式多样化，将分散见习与集中实习相结合，使学生在见习中发现的问题能从理论上找到解决的办法。还要重视对实习的管理，能使学生真正地参与到学校的管理活动中，提高学生的教育能力。总之，教

师教育课程的设置和课程内容的安排都要符合教师教育课程实践性原则的要求，这有利于提高师范生对理论的应用意识，将教育理论运用于实践，教育实践经反思提升为理论，适应当前社会对教师的具体要求。

适应性原则。是指教师教育课程的设置既要适应社会的政治、经济、科技和教育的发展对教师的要求，又要综合考虑学生的知识基础和能力水平，适应学生的发展和创业就业的实际需要。一是遵循社会对教师的要求，即符合国家教师教育课程标准的要求，遵循中学职前教师教育课程目标与课程设置的要求。例如，中学职前教师教育课程的内容规定为儿童发展与学习、中学教育基础、中学学科教育与活动指导、心理健康与道德教育、职业道德与专业发展，以及教育实践共六个部分，每个部分对应若干具体的内容模块供参考，要开设相应的课程做保障。二是考虑学生的知识能力基础，要因材施教。我国的师范院校层次不一，发展不均衡，无论是教育资源的配置还是学生的来源都不同，随着近几年高校扩招，地方师范院校的生源质量不断下降，特别是一些新建的本科院校，多数学生的中学基础极差，远远不能满足中学学科教学的需要。在开设学科教育类课程时要突出与中学教育教学的接轨，立足于中学课堂展开教学研究，例如开设中学课程与教学研究，中学习题研究等。三是为了学生的发展，注重对新入学学生的职业道德、职业素养的培养，刚入校的学生大多数对教师职业的认识比较模糊，教师职业意识淡薄，教师职业信念基本没有形成。要在教师教育的课程设置中安排相应的课程，使师范生有合适的载体、畅通的渠道、便利的条件接触教师职业领域，了解教师角色的需要，引导他们关注教育教学实践、教师的职业要求及教师专业的发展。

开放性原则。在学习化、信息化时代，未来教师的学习方式更加开放和多元。面对教师教育的专业化趋势和新课程改革的挑战，职前教师教育应改变过去传统的封闭培养模式，教师教育课程体系的建立应该具备开放性的特点。教师教育课程的开放性体现在，一是注意课程类型的多样化，改变传统教师教育课程体系中课程类型单一，自主选修课明显欠缺的情况。提高教育类课程选修课的比例，改变重学科专业课程、轻教育专业课程的状况，使课程结构更适应学科发展、学生发展，基本适应基础教育新课程的需要。增设对学生职业思想的确立和教师人格特质的形成有重大影响的隐性课程。加大活动课程、专题课程等生成性课程的比重，使学生有更多的时间进行中学教育教学研究，提升从师任教的能力。二是在课程内容上，把课程置于整个社会发展的文化环境中进行设计和调整。在考虑课程的传统性、稳定性和继承性的同时，对社会需要、科技发展、新思想、新事物做出迅速反应；在考虑课程的完整性和系统性的同时，增加小型化、专题化、即时性的课程，比如基础教育和新课程改革的讲座等方面的内容。三是把学生的课外实践活动纳入教育课程的方案中，强化教育见习和实习，在教学实践中重视师范院校与中小学的联系和沟通，使培养师资的高师院校和基础教育紧密配合，从而形成开放式的教师教育课程体系。

整合性原则。教师教育课程的整合性是判断教师教育有效性的核心因素。按照学生心理发展的要求，以及国家基础教育课程综合改革的要求，教师教育课程设置必须适应学科之间相互渗透，交叉融合的一体化趋势。包括必修与选修、自然科学与人文科学、通识课程与专业学科课程的整合。课程之间的整合不仅意味着教育专业课程与学科专业课程的有机衔接和相互渗透，也意味着两个专业内部的各课程之间的整合。在课程结构的安排上，一是重视各门课程之间横向联系，合理调整学科专业课程与教育专业课程，打破学科界限，注重课程之间的有机联系，更应重视现代教育技术与各学科课程之间的整合。二是强化理论和实践的整合，注重合作学习与个人反思的作用，重视教育教学实践能力和反思性意识的培养，先设置理论课程，使学生掌握教育教学理论，之后设置实践课程，教学理论指导教学实践，有利于学生理论与能力的提升。三是实践课程的安排要本着循序渐进的原则，逐步对学生进行教师专业的实践训练，并注意实践内容的系统性、层次性和实践形式的多样化。从学生进入大学开始，不间断地开设培养学生教育教学能力的相关课程，而且这些技能的训练应由简单到复杂，由单项技能训练到综合技能训练，这样的课程设置要一直贯穿大学学习的全过程，以保障课程体系实施的有序性。

总之，教师教育课程的设置是师范院校教师教育课程教学改革的关键，改革职前教师教育课程体系是当前基础教育改革的需要，也是提高教师专业化水平的需要，是提高职前教师教育教学质量的关键环节，直接影响我国基础教育改革的效果。遵循教师教育课程设置的原则，科学合理地构建教师教育课程体系，可以完善师范生职业技能的培养体系，打造优良的运行平台，从而促进师范生教育教学能力提高，努力为社会培养合格和优秀的师资，帮助未来的教师更好地适应教育教学工作，为师范生毕业之后从师任教奠定基础。

第三节　基于专业认同的教师教育课程设置

教育乃国之根本，教育教学质量的好坏与教师综合能力息息相关，特别是在我国大力提倡素质教育的今天，教师教育问题更是备受关注。随着我国教育改革不断推进，教育改革的重心已从教学上转移到了教师角色上，就目前的情况来看，教师专业发展情况差强人意，很多教师都出现了自我迷失的情况。所以，当务之急就是对教师专业认同展开全面的研究。

一、教师专业认同的相关定义

关于教师的专业认同。教师对自己工作岗位的感知即专业认同，是教师了解和感受教育的过程，某种程度上讲，教师会赋予教育活动何种意义完全是由其专业认同决定的。由此不难看出：第一，教师是教师专业认同的主体，这里的教师可以是教师一人，也可以是教师群体，泛指教师这种职业。第二，教师这一岗位以及教师从事的事情为教师专业的认同对象，这是教师感知、体验教师这一岗位的结果，是其在工作过程中所感所想的综合，也是教师专业发展的前提条件。第三，教师通过积累教育工作经验以及反思形成一种专业认同，这种专业认同会促使教师理解其工作的性质，并通过反思不断地强化自己的工作能力，即教育能力。

教师专业认同的特征。首先，教师的专业认同具有自主性。教师以自己的意愿为指导所做的一切与教育工作有关的事情即教师专业认同的基本特征——自主性，这也是教师做出与自我特征相吻合的行为以及意志自由表达的动力。受各方面因素的影响，专家和学者们在研究教师专业认同时还停留在外在标准层面上，加上功利主义价值观的客观存在，使得人们忽略了教师的特性。从某种角度来看，教师专业认同实际上是内部因素和外部因素共同作用的结果，其教育教学行为的产生不单单只是内部或是外部因素在一起作用。

其次，教师的专业认同具有建构性。教师进修"自我塑造"的方式在很大程度上是由教师的建构性决定的。主体构思和组合客体信息，并在思想上形成构建客体的过程被称为构建。众所周知，外界信息总是会对教师的教育行为造成这样或那样的影响，当中不乏一些规约和限定教师教育行为的信息，甚至是一些与教师现有教育行为背道而驰的信息，比如赋予教师不同的社会角色，提出一些评估教师专业水平的标准等等，这些对于教师来说都属于客体，并非内的因素，教师接触和获得这些外在规约的方式各种各样，过程也比较漫长，因此不可急于将这些外在规约授予教师。所以，当接触到外界信息时，教师会先理性地选择这些客体信息，剔除那些无法被自己接受的信息，留下可以接受的，然后在实践中运用有利于自身发展和进步，且有价值的信息。这个过程实际上就是教师构建和获得新意义的过程，通过这种方式，教师能够实现自身观念与外在标准的融合，并在此基础上实现自我观念的革新、突破以及进步，这便是教师解决自我冲突以及实现自我认同的过程。

最后，教师专业认同具有情境性。现实生活中的情景与教师的专业体验、专业感受和自我认知休戚相关，这使得教师成了一个极具情境性的职业。举个例子，教师在轻松愉快的情景以及麻烦不断的情景下会产生不同的教育行为。不仅如此，作为一个以育人为主要任务的岗位，教师所处的情境随时都在变，而且相当复杂，尤其是在课堂上和课外活动中，这种情境特性会更为明显。在教育活动中，教师所教的学生各有长短，这就要求教师必须随时随地灵活地转变自己的教育理念和教育方式，这样才能开展有针对性的教学活动，从容应对各种复杂的教育活动，简单来说，就是要做到"量体裁衣"。值得注意的是，教师在教学活动中要遵守民主、自由、宽严相济的教学和管理原则，不能走极端。由此不难看出，要满足不同学生的教学需求，并根据学生的性格特征制定不同的教学方案，教师除了要有极强的责任心之外，还要努力提升自己的专业认同，特别是当课堂教学情境频繁变化时，更是要随时改变教学策略，不能让情境的变化影响自己的专业认同。

二、教师教育课程设置中存在的问题

教师教育课程结构失衡。教育实践课程、学科专业课程、教育课程以及教育专业课程四个部分共同组成了教师教育课程体系。关于这四个部分在教师教育课程体系中的占比，目前专家和学者尚未给出一致的看法和观点，国家也未就各个部分的占比给出明确的规定和要求，但是结合实际情况看，我国通识教育课程在教师教育课程体系中的占比为15%，教育专业课程为15%，学科专业课程为70%。尽管国家已经明确规定了教师教育课程的组成内容，但是就实践情况看，依然存在比例失调的现象，而且还有越来越严重的趋势，当中比例最低的为选修课，这已经成为各大高校的通病。一直以来，选修课和必修课在教师教育课程中的比例总是处于失衡的状态，选修课地位远远比不上必修课，甚至被有些学校忽略了，学生失去了自主选择选修课的权利，加之选修课课程内容少、选课模式单一，导致选修课占比极低。

教师教育课程内容针对性差。教师教育课程学科普遍缺乏专业性，教师专业发展和认同的关键在于专业性，教师专业课程也有文理之分，文科主要由人文领域的课程组成，理科由技术理论、实践技术等方面的学科组成，文理科在课程设置上并无太大的关联，学科之间缺乏关联严重影响了教师教育活动的开展。文科课程理论居多，大篇幅的理论割断了学科和社会实践的联系，以汉语言文学专业为例，学校设有文学作品课程、文学概论课程、文学史课程，但这些课程所蕴含的知识缺乏清晰度和条理性，很多能力有限的学生无法从繁多的知识中提取对自己学习有益的信息，最终可能只学习到了皮毛，并没有真正理解当中的内涵，这样的课程设置模式显然不合理，也不利于学生适应社会生活。理科专业课程也如此，课程应该强调的是理论与实践的结合。以数学专业为例，该课程有抽象代数、初等数论、微分几何等课程，课程要求及其对应的学分都比较高，是学生比较重视和在意的课程，这类课程一周有很多节，过多的课时难免会占用学生实践活动的时间，使学生即便掌握了知识，也不知道怎样运用到实践中。

课程模式亟待转型。国际上有定向型和非定向型两种师资培养方式，其中前者又被称作封闭式，即专门成立一个机构对教师进行培养，而后者被称作开放式，即以高等院校为基地对师资进行培养。我国教师职前教育就是一种典型的定向型培养模式，这种培养模式具有一定的封闭性，不够灵活。首先，这种培养模式会使教师渐渐失去竞争的主动性，培养出来的教师千篇一律，缺乏创新性，严重影响师范院校的造血能力和办学水平，因此不推荐使用。

目前国内大部分教师是师范院校毕业的，由于其他教师培训机构相对匮乏，导致很多师范院校并未感受到竞争压力，所以也就对培养教师这一重要任务不够重视。这种封闭式模式培养出来的教师难以快速适应实际教学情境，容易出现脱离实际的现象，难以充分发挥出教师的职能。所以，目前我国教师培养模式还需要进一步改善。

三、教师教育课程设置的创新途径

放手实践与引导反思相结合。这里所说的放手实践，首先要勇于放手，尽可能少地事先设定指导框架，多让教师投入到教学实践中去，通过实践加深对教学方法的理解，实现理性升华。一再强调让教师放手实践，这是为了让他们能够用自己的感触体会复杂的教学活动，以消除教师脑海里的条条框框，只有这样才能够让教师在课堂上驾轻就熟，游刃有余，不至于被死板的框架所束缚，充分激发出教师的教学潜能。教师拥有了充分的教学实践经验后，再结合学到的教育学理论理清教学思路，针对实际教学情景进行分析、反思和总结，进而不断提高自己的教学水平，形成了一个良性的反馈循环。

强化规范与塑造风格相结合。目前我国教师的专业发展要求教师教学规范和科学，这也是教师开展教学活动的基础所在。此外，教师还应结合自身的性格特点塑造特色教学风格。根据自身认知，注重因材施教、尊重差异，这是现代教育应该坚持的重要思想。教师教学的规范性是重要的专业化要求，它并非用来束缚教师开展教学活动，而是我们经常说的"教学有法而无定法"。所以我们对教师的培养并不是为了培养出一批程式化的教师，而是要让每个教师都不仅具有必要的专业知识，还要懂得思考、学会变通，能够形成一套独特的教学风格。一个教师能否形成独特的教学风格取决于以下三点：首先，教师是否具备灵活的思维方式和辩证的思想；其次，教师是否具备完善的教学意识和持续钻研教学的精神；第三，教师能否根据学生的特点和教学任务合理规划教学过程。要想让各个教师都具备以上三点，在对其培养时就要注意发挥出其教学潜力，充分调动教师的职前差异性，让他们能够发挥特长，在擅长领域突出自身优势，比如让精通讲授的教师多讲、多说，让善于组织的教师多参与一些综合性活动，提高他们的教学热情。

提升智慧与培养情感相结合。传统的教师培养方式非常重视对教师理论知识的培养和教学技能的训练，这本无可厚非，但在现代教育理念中，教师更应注重将自身的认知和情感发挥到教学中去，这也是我们一直强调的情感和实践的结合。对教师的培养，无论是在教学实践前、教学实践中还是教学实践后，都应适当利用活动设计或情景创设等方式激发教师的情感体验，要特别重视教师职前对教学的认知，在之前他们是以学生的身份参与教学过程的，长期以来已经积累了丰富的教育教学信息，但是其中有很多信息并不是理性经验，而是直观感受，教师教育者必须针对其中的不良印象采取有针对性的措施，比如让他们去观摩一些优秀教师的教学过程，让其产生自发的认知冲突，并逐渐形成积极的教学观、学习观和课程观，从而帮助职前教师形成浓厚的教学热情，唤醒他们的职业使命感和认同感。通过情感和实践的融合，引导职前教师积极投身到教育事业中，丰富其教学经验，提高其教学水平。

第四节　"互联网＋"环境下教师教育课程设置

传统的教师教育课程设置，主要有知识、技术、社会和人本四种价值取向。"互联网＋"时代的教师教育课程，在价值取向上呈现出了新的走向，即知识取向融入实践内容，技术取向凸显教学智慧，社会取向重视精神价值，人本取向关注生存与超越。只有根据新的价值取向，更新和完善教师教育课程，才能培养出符合时代要求的优秀教师。

"互联网＋"以其跨越时空界限、联通一切的特性，对教师教育的课程设置提出了新的要求，特别是在价值取向上，呈现出了新的走向，新的教师教育课程必须体现这些新走向，才能培养出符合时代要求的优秀教师。

一、传统教师教育课程设置的四种价值取向

教师教育课程的设置曾出现过四种价值取向：知识取向、技术取向、社会取向和人本取向。其中，知识取向和技术取向在教师教育课程的建设中占有重要地位。知识取向的教师教育课程，注重形成完整系统的知识体系，强调教师职业能力结构中学科专业知识的重要性，认为教师只要具备丰富的教育教学知识，就能外显于教学行为，这种由内而外的课程认知，将实践技能看作理论知识的附庸，致使教师教育课程的设置一度出现"重理论轻实践"的现象。这种价值取向下培养出的教师缺乏教学智慧，难以应对灵活多变的课堂与学生，教育教学效果会受较大影响。

面对这种情况，技术取向的教师教育课程应运而生。技术取向植根于技术理性，视教学为一种技艺，追求教学能力的培养，认为理论知识服务于实践技能。因此，很多师范院校和职后培训，大幅度提高实践知识类课程的比重，将教学分解为一项项操作性技能进行反复训练，忽视了教师素质以及理论与实践的内在统合性。这种价值取向的教师教育课程，虽然满足了各级学校和教育系统对人才的需求，使教师能够顺利完成教学任务，但却片面理解了教师的教育教学能力，忽视了人的品质和内在精神的培养。这种课程价值取向下培养出的教师容易成为教学工具，缺乏持续发展的专业认识与能力，难以跟上教育迅速发展的步伐。

面对这两种价值取向的弊端，社会取向和人本取向的课程价值观得到了广泛应用。前者以社会发展对人才的多方位需求为出发点，旨在培养符合时代发展所需的教师。社会取向的教师教育课程，凸显了课程的社会服务功能，但却存在将教师当成生产工具进行培养的弊端。人本取向的教师教育课程观，以教师的需要、兴趣及发展潜能为落脚点，重视培养教师完整的人格，强调教师个体的自由发展，符合教师教育的初衷，但要培养出这样的教师，需要相关院校和职后培训对教师教育课程进行重组和大胆创新，实现难度较大。

几种价值取向在不同的历史时期有其存在的必然性与合理性，但在资源极大丰富，并对优质教育提出了更高要求的"互联网＋"的环境下，传统的课程价值取向已不能满足时代的需求，需要有新的发展与体现。

二、"互联网＋"环境下教师教育课程设置的价值取向

（一）知识取向融入实践内容

作为知识本身，其理论性和实践性本来并不分离，只是当课堂教学成为专门技术后，

理论与实践才对立起来。这种知、行分离的课程价值取向，既打破了知识的完整性与系统性，也导致了理论无法灵活应用于实践的尴尬局面。正当课程设置开始有意识地增添实践内容时，互联网的发展为其创造了更加便利的条件。互联网可以使实践知识更加具象化，并超越时空界限，将真实的情景搬入课堂，促进了理论知识指导教学实践与教学实践呈现理论知识的双重转化。在"互联网＋"的背景下，教师教育课程价值的知识取向，将实践内容融入其中，并为了让教师能够更加透彻、清晰地理解教育本质，将教育信念贯穿于教育实践：其强调的不是照搬课本、脱离实际、机械僵硬地教书，而是合理创造、结合生活、灵活机智地育人。知识取向的这一发展趋势，既遵循了教育发展的内在价值规律，也符合教师素养的时代发展要求，使教育能够培养出理论与实践双向发展的复合型教师。

（二）技术取向凸显教学智慧

日益发展的互联网信息技术，提供了强大的多媒体平台与高端的操作程序软件，使课程的技术取向从以往一味追求操作熟练化与自觉化，渐渐转向行为专业化和科学化。因此，充分利用多媒体平台和操作程序建构专业化与科学化的培养模式，将机械、零散的教学技术重新调整为灵活应变的教学智慧，不仅仅是技术革新带来的新突破，更是教育理念转变的必然结果。面对教育发展乏力的困境，基于教育改革的宝贵经验，人们迫切呼唤教育智慧的生成，对教师教育的实践性课程提出了更高要求，模板化的教学技术已不能满足人才培养的需求，符合学科专业发展规律的体现教学智慧的技术，才能满足教师教育和课程建设的迫切需要。于是，基于动态课堂、翻转课堂、生成性课堂等的教师教育课程，变得越来越普遍，其兼容了教学技术与教学智慧，能够培养出顺应时代发展要求的优秀教师。

（三）社会取向重视精神价值

由于教育规模迅速扩大，教师教育的重要目标是要培育出数量众多的教师，这种课程价值的社会取向，在一定时期内能有效缓解师资不足的压力，但未能从根本上解决教育发展后程乏力的困境。在时代发展、社会演变、政治革新、经济增长、文化融合等一系列外在因素的影响下，教师的专业精神与职业价值日渐重要，特别是不少中小学不再局限于学业成绩的提高，而是更注重学生的个性养成与未来发展，需要教师具备专业精神与职业境界，站在"育人的高处"为学生的全面发展创造条件。要有这样的专业精神与职业境界，需要教师既关注社会发展的需求，也要坚守教育的本质，不能在社会变革中迷失了教育的本义。只有在重视精神价值的社会取向下培养出的教师，才能既把握住时代脉搏，也具有探寻教育本真的情怀。

（四）人本取向关注生存与超越

从教师教育课程价值取向的发展历程看，人的价值、主体地位和以促进人的发展为目标的课程设置，常常被放置在边缘地带，得不到关注与重视。究其根本，在知识经济时代，帮助学生获得知识是最主要的目标，该目标忽视了人的情感世界，人的个性和自主性发展不仅未被关注，甚至还受到知识学习的排挤与压制。近些年来，在"知识大爆炸"的强烈冲击下，人们意识到了生存与生命的意义，人本取向的课程价值也显露出发展优势，教师的存在感和职业归属感得到了不同程度的提升。尤其是"互联网+"时代推崇的人性化意识，更被充分融入了教师教育课程，"人性教育""生命教育""主体性教育"等，呼唤教师教育对教师个体存在的关注。基于对教师生存价值的关注，教师自身的超越也成为人本取向的新特征，追求自身圆满之外的超越，是教师不断前进的强大动力，这也意味着教师生涯不再一劳永逸，而要形成挑战自我、拼搏进取的良性循环。教师教育课程价值的人本取向也因此更富时代感与生命力。

三、"互联网+"环境下教师教育课程设置的价值实现

（一）可持续发展的思维

要在教师教育课程的建设中落实上述价值，需要具有可持续发展的思维。在"互联网+"的时代背景下，无论是融入实践内容的价值取向，还是凸显教学智慧的技术取向，或是重视精神价值的社会取向，抑或是关注生存与超越的人本取向，都蕴含着可持续发展的教师培养理念。由于影响教师教育课程设置的外界因素不断变化，时代对教师的要求也出现了多维度的特征，这就需要教师教育课程紧跟时代改革步伐，体现教育变革要求，帮助教师及时调整自我认知与教学技能，为持续发展创造条件。为了在教师教育课程的设置中体现可持续发展的思维，在课程理念上，要加强渗透终身学习、持续发展的教育信念；在课程目标上，要促进教师的持续超越；在课程内容的安排上，要强调教师终身受益的思维、技能与方法，提高教师自我发展的意识与能力，将可持续发展理念始终贯穿于培养新时代教师的全过程。

（二）科学理性的态度

教师教育课程的建设无论选择何种价值取向，都应持有科学理性的态度。经济迅速发展的浪潮和日益丰富的物质生活条件，促使人们逐渐关注精神世界的建设，追求生命意义与自我超越。教师教育课程的价值取向也由此出现了迷茫与矛盾：是满足社会需求，还是实现自我价值？是激情绽放自我，还是理性对待知识、技术与教育改革？……这些成了教师教育避不开的话题。化解这些迷茫的"良药"，就是科学理性的态度。雅斯贝尔斯曾说："理性打开了理解之路，以阐释来加深相互的联结，保证了生存的连续性。"这种生存的连续性，既需要独立的存在者去延续，也需要整个社会团体来维系，而理性就是两者间联通的桥梁，以及矛盾间的润滑剂。教师教育课程设置的价值取向，之所以要坚持科学理性的态度，就是要充分发挥理性的联结与理解作用。当然，这并不意味着忽视社会发展或放弃个人追求，而是要在理性的指引下，统筹双方需求以达成共识，实现两者利益的最大化。

（三）多元的课程价值观

课程价值观是课程价值在人意识中的反映，影响着教师对课程的理解与实践；而且，教师的课程价值观，也同样制约着课程价值的实现。因此，树立正确的课程价值观，对理性选择课程价值取向具有实际意义。从目前的教育发展形势看，课程价值观的发展呈现出多元统一、和谐发展的趋势。单一的课程价值观，已无法满足政治、经济全球化的时代需要，多元的课程价值观既是时代发展的必然，也是课程价值内在规律的深切呼唤，它能够消解不同课程价值取向之间隐藏的危机，并彰显各自特有的生命活力。所以，只有在多元课程价值观指导下选择课程价值取向，并以此建构教师教育课程，才能够真正培养出时代需要、教育需要、学生需要的优秀教师。

第五节　专业化视野下教师教育课程设置的理念与设想

"百年大计，教育为本；教育大计，教师为本。"新时期，我国的教师教育体系正进行着重大的变革，关注教师的专业成长已成为当前教育研究与改革的热点。课程设置是教育教学的核心，教师教育课程改革是教师教育改革的关键。高等院校教师教育的课程改革应从教师专业发展的角度着眼，从课程目标的调适、课程结构的调整、课程实施的改进以及课程文化的建构等方面着手，探寻教师教育规律，为促进我国教师教育专业发展提供理论支撑与实践指导。

一、教师教育课程设置的基本理念

科学实践，需要科学的理论指导。教师教育课程改革实践的指导思想为：以教师专业化为指导，以创新教育为核心，以素质教育为抓手，以全球的视野培养专业人才，促进教育机制优化和制度改良，为国家发展、社会进步提供动力。

（一）以教师专业化为指导，统领教师教育课程设置

《中华人民共和国教师法》规定："教师是履行教育教学职责的专业人员。"教师的工作和教学与育人有关，有其特殊性，要求教师既是学科专家又是教育专家，即具有"双专业性"。这就要求教师教育的培养对象既要有学科专业知识，又要了解人的身心发展规律。教育的过程不仅仅是简单的知识流动，还有人格的塑造、情感的沟通。教育专业课程是把"知识的传授"和"人的培养"联系起来的纽带。20世纪60年代，联合国教科文组织和国际劳工部的文件《关于教师地位的建议》对教师的职业性质做了明确的说明："应把教育工作视为专门的职业，这种职业要求教师经过严格的、持续的学习，获得并保持专门的知识和特别的技术，它是一种公共的业务；另外，对于其负责的学生的教育和福利，要求

教师具有个人和集体的责任感。"80年代中期，美国的《国家为培养21世纪的教师做准备》和《明天的教师》两份报告也明确提出"教学专业化"，要求高等教育要像培养医生、律师、经济专家那样为未来教师提供同样优秀的专业教育。随着高等教育改革和基础教育课程改革的启动，我国教师教育也越来越专业化。对教师本身而言，作为专业人员的教师仅有学科知识是不够的，更要注重内在的专业素质的提高，要从专业理想、专业知识、专业道德等多层面、全方位地发展自己。从外部来看，还应建立健全教师资格证书制度和各类综合性大学教师教育的认证制度，从根本上促进教师教育专业化。

近年来，世界各国对于教师教育都十分重视，提高教师专业化水平已成为世界众多国家教师质量提高的主要手段。我国高校教师教育课程设置与实施的改革应以提高我国教师专业化水平为目标。改革现有的教师教育课程结构，设置合理的、比较完善的适应教师专业发展的教师教育课程。高校教师教育课程改革的目标与理念应回归师范性，课程设置与实施应突出实践性知识的积累与建构，课程伦理建设应关注专业态度培养，注重专业身份建构。

（二）以创新教育为核心，保证高质量的教师培养

创新，不仅是教师教育改革的核心，更是国家发展之大战略，江泽民同志曾说过："创新是一个民族进步的灵魂，是一个国家兴旺发达的不竭动力。"著名学者胡鞍钢则以"创新"的理论来解释大国的落后与崛起，中国的经济发展来源于创新，即"解放思想，实事求是"。而"珠三角"新一轮发展规划，也正是基于创新的"先行先试"而提出的，其中也包含了教育改革的先行先试。

教育的意义是要培养具有人文精神的、能参与国际竞争的创新人才，并形成良性循环的教育模式，从而为国家发展、社会进步提供强有力的支持。对教师教育进行创新，需要教育观念、教育理论的创新。目前我国高等教育正在进行改革，有的院校由师范院校向综合大学转型，有的学校进行了人才培养模式改革探索，有的学校提出构建职前职后教育一体化的教育体系，这些带有创新性质的改革探索，对教育思想和理论的创新具有重要意义。

教师教育创新的最终目标是要使教师在知识背景和学科结构上跨越传统的学科专业界线，贯通理论素养、教学技术和实践技能三个层面，成为一个在学校教育领域全面发展的人。教师不仅仅是知识的再现者，更应该在教育过程中善于传递知识并创造性地生产知识。这意味着，教师教育必须建立在广阔而深厚的学科和文化背景之上，必须着重于教师创新能力的培养。因此，师范院校应拓宽学科领域，提高学科水平，为未来教师的发展提供更为广阔的天地；师范院校的课程建设必须突破原来单一、封闭的学科训练方法，改变未来教师的知识结构，为培养既有丰富的教育专业基础，又有扎实而广阔的学科专业基础的未来教师提供更大的可能性。

对教师教育进行创新，要处理好坚持与发展、继承与创新之间的关系。新形势对师范院校的专业设置、课程建设等多方面提出了新要求。教师教育自身在发展过程中也不断产

生新的问题，需要我们去研究和探索，找出创造性的解决办法。因此，教师教育要取得新的发展，就必须以推进素质教育、全面提高教育质量为根本目的，改革不适应时代发展的培养体制，在坚持中求发展，在继承中求创新。

（三）以素质教育为根本，科学发展教师教育

素质教育追求的是受教育者人格全面和谐发展，使他们能主动适应并创造未来社会。主体性、主动性、自主性、全面性等等都体现了素质教育这一本质属性。《中共中央国务院关于深化教育改革全面推进素质教育的决定》提出"以培养学生的创新精神和实践能力为重点"，对素质教育的理念进一步明确。以中共中央、国务院《决定》的形式确立的素质教育理念已成为我国教育改革的政策性依据，引导了我国各级各类教育改革的走向。在构建教师教育模式并进行理论建构时，也应充分吸取这些理念，使相关研究与全国教育改革发展一致。

教师职业的专业化来源于教师的专业素质，教师具备专业素质是教师在职业活动中显现专业性特点的前提和基础。如果大部分的教师在职业活动中表现出了普通民众所不具备的专业性素质，彰显了其不可替代性，教师职业的专业地位也就确立了。

首先，教师专业性素质是什么？教育是一个复杂的工作系统，教师要顺利地履行职责必须具备多方面的综合素质，这些素质都是教师职业活动所必需的。教师的专业素质，应该是教师区别于其他行业人员的一种素质，是其他行业人员不具备的特有的素质，并且应该是只有经过特定教师教育才具有且必须具有的素质。如果我们把支撑教师顺利履行职责的多方面素质称为教师的全面素质，那么这个全面素质由两部分组成：一是共有素质，教师和其他行业人员所具有的共同的素质，如通识知识、学科知识和能力、基本的道德素养等，它是教师从事教育工作必备的，但不是教师所独有的，它既可用于教育也可用于其他职业活动。二是特有素质，是指作为教师所特有的教育能力和教育品质。它是教育活动作为一种有别于其他社会活动的活动对从业人员的特殊要求。教师唯有具备了这种特有素质，才能将他们所拥有的共有素质在教育活动中发挥出来。如果教师在教育实践活动中能充分展现他们所具有的专业素质，便自然会有高质量的学校教育。

其次，教师的专业性素质从哪里获得？当前，我国教师教育已经打破单纯的阶段式职前培养模式，大力发展职前、入职、职后一体化教师教育模式，积极推行教师专业终身发展理念。注重教师的职后培训，对于促进教师职业已从业人员专业水平持续发展，改善目前我国由于历史原因造成的教师队伍人员素质不理想状况，尤其是对于推动教师专业终身发展很有帮助。但从教师专业性职业地位确立的角度来讲，职前的培养才是根本性和基础性的。一方面，民众对教师专业性职业地位的认同主要取决于对从业人员不可替代性的认识，而体现从业人员不可替代性的关键不是已从业人员如何提高自身专业水平问题，而是行业对于进入本行业的人员是否有一定高度的特有要求，即是否有专业性的"准入标准"。教师职业唯有对进入本行业的人员设有一定高度的专业性"门槛"，才能体现教师的不可

替代性。另一方面，如果教师职前培养不到位，职后根本不可能具备反思意识和反思能力。尽管目前我国教师职业已经放开，所有人只要具备《教师法》所规定的条件，通过教师资格考试就可以进入教师队伍，但是在一个教师专业化职业地位真正得到确立的国家，一个没有经过专门的教师职前教育机构培养的人是不可能进入教师队伍的。因此，教师专业素质获得的根本性和基础性渠道是通过教师职前教育机构，即师范院校或综合大学中的教育学院和师范专业的培养。从教师专业地位的确立角度来讲，受过师范教育（教师教育）的学生与没有受过师范教育的学生在从事教育活动时应表现出本质上的差异，这种本质的差异就是他们身上所体现的教师特有的教育能力和教育品质，即教师专业素质。

那么，教师的专业素质怎样获得？师范院校或综合大学中的教育学院和师范专业要保证他们培养出来的学生具备作为教师不可替代的标志的专业素质，只有通过合理的课程设置及有效的课程实施。但是从现状看，我国师范院校教师教育的课程设置和实施情况十分不利于学生培养教师职业专业性素质，要改变这种不合理状况，首先要从把握教师教育课程设置的基本原则入手。

二、新形势下课程设置改革的设想

（一）调整课程结构比例，构建完整的专业化教师的知识结构

首先，是调整通识课程、学科专业课程和教育专业课程的结构比例。我国师范院校的课程结构可借鉴国外成功的经验和做法，如美国，受西方"博雅教育"传统的影响，非常重视通识教育并在此基础上发展学生的专业素质，三类课程所占的学时比重几乎各占1/3。我国师范教育也应加大教育专业课程的比例，适当增加门类，充实内容，力争使它在总课时数中的比例从9%左右上升到20%左右。在学科专业课方面，力求做到"少而精"，提高专业课程的综合化，三类课程的比例达到相对平衡，从而使师范教育的师范性和学术性实现新的整合。笔者认为，可将教师教育课程结构的比重调整为通识课程（科学文化课）和学科专业课程占65%，其中通识课程占30%，学科专业课程占35%，教育专业课程（含教育学科课程、教育技能课程、教育实践课程）总量可占到35%左右，这样可以保证教师教育"双专业"的性质，有利于提高教师教育专业的质量。

其次，是调整必修课和选修课的结构比例。我国师范院校中几乎都设有必修课和选修课，但两种课程的比重却相差甚远，选修课大概只占总课时的20%，而且大多选修课只流于形式，教师、学生都不重视，改变现状必须先从观念上改变。所谓必修、选修，只是根据学生的学习要求进行的一种划分，没有重要与否之分。必修课一般是每一专业的师范生或同一专业的学生都必须学习的。选修课可以分为专业与非专业的，每个学生都可以根据自己以后的发展方向和爱好选择课程。从这个意义上说，选修课不仅能加深或拓宽专业知识，还能提高学生各方面的素质，体现学生自己的特色，充分发挥他们的潜力。因此，我们应该提升选修课的比例，充分保证课时，多样化地设置课程。师范院校教育学科专业课

程选修课与必修课程的比例至少应达到 1 : 1。

（二）科学配置与整合各类课程，建立科学的教师教育课程体系

目前，我国师范院校教师教育的课程一般分为三大模块，即通识课程（科学文化课程）、学科专业课程和教师专业课程。教师专业课程又分三个层次，即教育学科理论、教师教育技能和教师教育实践。科学设计各类课程的结构和微型结构，是保证教学质量、提高教师专业化培养水平的关键。如教师专业课程是由教育学课程、心理学课程、学科教育课程、教育技术学、教育实践课程构成的。每一类课程又形成微型结构，如教育学课程由教育教学理论和教学工作、德育理论与班主任工作、教育测量与研究方法以及教师学等多门课程构成。

首先，要丰富科学文化课程（通识教育课程）。新世纪，随着科技的发展和社会的进步，中小学生通过各种载体和传媒，知识量日益增多，追求新知识的愿望日益强烈，教育工作变得越来越复杂。教师只有拥有广博的科学文化知识，才能融会贯通、得心应手；才能有效地激发学生的求知欲望和学习兴趣；才能使自己的教育教学丰富多彩，给学生获取多方面知识的机会；才能促进学生全面发展和素质全面提高，及时发现具有特殊才能的学生；才能把所教学科与其他学科有机结合。因此，在保留原科学文化课程的基础上，可进行如下改革：一是必修课在原有科学文化课程（思想道德修养、法律基础、毛泽东思想和中国特色社会主义理论体系概论、马克思主义哲学原理、政治经济学、计算机基础、大学外语、大学体育等）基础上增加大学语文、大学数学、大学物理、大学化学等 4 门（各学科根据专业各定 3 门），同时每门必修课的课时相应减少 20%—30%，以利于学生进行选修课的学习。并根据文理渗透、学科交叉、提高学生综合素质的宗旨，开设各门类的选修课，如历史、文化、艺术、伦理道德等人文素质教育课程，也称扩展课程，如反映当今科学技术发展和社会进步的新兴学科方面的课程，以及语言、计算机、数学等工具类课程。

改革后的科学文化课程有三个明显的特点：一是加强了社会、人文及自然科学课程的联系与融合；二是内容更为丰富、全面，强化了知识的系统性；三是给学生较大的自主性和选择的权利，有利于学生扬长避短，发展个性。

其次，要精简学科专业课程。对学科专业课程进行整合和精简，削枝强干，减少专业必修课门数，精选专业主干课，形成结构精简的学科专业知识、能力框架结构，在一定程度上打破传统的学科课程壁垒，进行课程整合，逐步实现课程综合化。精简学科专业必修课后，要相应地增加选修课和其他课程。由于学生在其他学科领域开阔了视野，拓宽了理论思维，反过来会对学科专业知识有更加深刻的理解。

再次，要强化教育专业课程。目前，我国的教师教育的教育学科课程门类少、内容陈旧、课时严重不足。就门类而言，一般只开设"教育学""心理学""学科教学法"老三门，部分院校增设了教师技能训练课。就目前的教育体系来说，强化教育专业课程改革的原则是课程结构化和微型化相结合。所谓结构化是指增加课程门类，形成课程体系；所谓微型

化是指精简每门课程的学时，在总量上加以控制，不增加太多的课时。教育学科课程是由教育学课程、心理学课程、学科教育课程、教育技术学、教育实践课程构成的，每一类课程形成微型结构：教育学课程是由教育原理、教学理论和教学工作、德育理论与班主任工作、教育测量、评价与研究方法以及教师学等若干门课程构成；心理学课程是由心理学基础知识、教育学心理学、心理健康教育以及若干门选修课程构成；学科教育学课程是由中学学科教材内容分析、中学学科教学方法和教学技能、中学综合活动课程研究等微型课程构成；实践课程由教育实习、普通话训练、三笔字训练等构成。教育技术学课程应由现代教育技术、多媒体技术、网络技术、教育与心理咨询与辅导等构成。除了必修课和选修课的形式外，还可增加自修课，包括"三笔字"基础、普通话（教师口语）、教育政策法规、教师教育案例等课程，这类课程不组织上课，但可对每个学生进行"等级达标"和"考察"记学分。

另外，要充分发挥隐性课程对学生的熏陶感化作用，使教师教育专业训练融于良好的校园环境和育人气氛之中。如将"三字一话"训练、教师教育"五项全能"竞赛、实习汇报会、优秀教师课堂教学观摩等纳入丰富的校园文化生活，以多样化的形式陶冶学生的教育专业情操，培养学生的教育专业素质。

（三）强化实践课程，为教育实践提供可靠保障

教师职业是一种实践性很强的职业，它需要具有较强的教学实践能力。在教师教育课程体系中，实践课程是师范生把理论运用于实践、锻炼教育教学能力的关键环节。对此，首先，必须重视实习基地的建设，更新教育实习观念，把师范院校、地方教育行政部门和实习学校通过政策协调，结成三位一体的长期合作关系。把教育实习基地建设成与教师科研实验基地、青年教师锻炼基地和骨干教师培训基地四位一体的稳定的教育基地。把目前的一次性实习变为多次性实习，把单一的实习讲课转变为实习讲课、班级管理、学习指导、学生心理咨询、学生活动组织和学校管理为内容的全面的教育教学实习，使师范生在教育教学的各个方面都得到锻炼，确保教育实习的效果和质量。其次，规范教育实践课程，把学校组织的具有教育实践价值的活动纳入教学计划。学生在教育实践课程中，不仅对教育与社会进步、与经济发展、与学生身心发展的关系以及基础教育改革的动态有更多了解，而且，通过切身接触教育实践，能够逐步地培养师范生的职业情感和职业责任感，逐步形成专业信念。再次，把教育实践课程与开发自助性课程结合起来。所谓自助性课程是指学校提供教育素材和条件，由学生自主选择、开发、设计并付诸实验性实施的课程。综合教育实践课程的大部分应作为自助性课程由学生自己设计活动方案，自己组织实施，自己总结活动成效。这不仅能够起到强化学生主体意识，体验学校教育活动的组织管理过程，提高他们的组织管理能力的作用，还增加了他们的实践经验，弥补了教育见习、实习时间短造成的实践机会的短缺。而且，自助性课程为培养师范生自主性和创造能力拓展了空间，丰富了实践的课题。

我们还可以建立连续性教育实习制度，使教育实习序列化、结构化、制度化。把教育实习延伸为教师工作体验—教育调查—教育见习—教育实习—实习总结一条龙的安排，贯穿教师教育的整个过程。一、二年级可安排到中小学担任辅导员、组织课外活动、教育调查等；三年级可安排见习、观摩教学、练习备课、模拟讲课、协助中小学教学实验等；四年级可安排一个或半个学期教育实习，如教学、班主任工作、社会实践等，让教师教育的学生全面、独立地担任起一个专职教师应做的工作。

此外，要重视毕业论文的撰写——教师教育的学生除了撰写专业论文外，还应加强教育科研方面的论文写作。毕业论文既要具有良好的语言基础、扎实的写作功底，还要具有深刻的思想内涵、细致的科学考证、严密的逻辑推理、准确的科学表述。毕业论文的时间与学分应给予充分的保障。

教师专业化的标准是一个多维度、动态化的标准。社会进步和科学技术发展，必将对教师提出越来越高的要求，教师不仅要从理论上具备深厚的专业知识，而且要具有先进、娴熟的教师基本技能和高尚的教师专业情感。教师教育课程的改革是教师教育改革的关键，受多方面因素的制约。我们必须从指导思想上明确教师职业专业化对课程的客观要求，确立教育专业课程在教师教育课程体系中的作用，建构与基础教育新课程体系相协调、与教师专业化需要相适应的教师教育课程体系，为中小学培养专业化的教师，为社会提供高质量的教育服务。

第四章　新时期教师教育技术

第一节　教育信息化与教师的教育技术

教育信息化技术分析时，需要及时调整教育中可能产生的重要影响因素，依照教育信息化水平，带动教育现代化的综合发展。按照教育教师的综合教学水平，加强技术创新，利用现有的技术信息化操作，及时调整传统教育内容的不足，推进教育改革。要按照教育教学的相关内容，实施有效的引导，做好信息化的信息技术分析，加强综合利用水平，制定完善的信息化教学能力判断，不断提高综合信息化技术标准。

教育信息发展以教育现代化发展为根本。要求依照教育信息化的实际发展水平，准确地分析互联网技术的信息建设，实施有效的互联网信息推广，逐步推行教育教学思路。传统的教育数据需要符合全面改革的发展思路，及时处理教育信息化改革，提高互联网数据在教育领域的渗透，促进教育更新。传统教育教学过程中，教学模式需要不断创新，要明确教学空间的具体拓展思路；信息化形势下要明确具体的内部、外部思路，明确具体目标；按照教育信息化要求实现科学技术、教育水平的发展提升。

一、推行有效的信息化综合领域改革

按照教育信息化的技术发展要求，从传统教育理念、教育模式、教育手段、教育改革内容入手，对教育体系进行分析，及时调整综合领域的信息化建设。

（一）拓展教育资源的覆盖面

按照多方位、多角度原则，及时调整基本条件，调整师资水平，判断不同来源。各类学校的教育资源质量差异大，教学水平参差不齐。不同的学校条件不同，教育体系也存在较大的差异。教育信息化发展可通过平台建设，加强对教育资源覆盖面的调整，及时调整限度，提高教学优质资源的利用率，实现共享，促进教育均衡的发展。

（二）教育信息化的优化提升

教育信息化发展，需要以有效的教育教学方式为基础，逐步提升教育能力，拓展发展限度。要规范教学精品开放课程分析，接受最生动、最便捷的培训，完善教育多方面内容，为更多优秀的教师提供学习机会。要加强信息化教学方法的推广，提升教师的工作效率，

优化精简教师队伍，及时调整水平思路，提高教学品质水平。

（三）信息化教学调动学生的主观能动性

依照多媒体的直观价值，按照便捷的演示方法，引导教学课堂呈现崭新的教学方式，改变现有的学习思路。加强各类场景下的营造分析，引导学生身临其境，参与其中，实现师生互动的效果。学生需要充分掌握具体的知识内容，加强主动学习，完善操作效果。依照教学需求，及时调整教学重点，引导学生参与其中，加强学生知识掌握的准确性和主动性。信息化可以提高学生各个方面的学习机会和学习水平，引导他们从自己的兴趣、特长、爱好等内容中学习，及时调整各专业领域，提升专业领域的深入性和准确性，帮助学生获取更好的个性发展，加强培养，获取各类信息应用。

（四）教育信息化不受时间、空间的限制

利用互联网的优势，教育信息化发展不受时间、空间、地点的硬件条件限制，可以提高学习便捷性，实现在线学习、在线沟通，创建良好的互联网学习方式，最大限度地满足学生的教学愿望。在校学生需要充分利用现有的时间，不断提升学习工作效率，获取教学质量分析，提高信息综合素质管理水平。

二、教学技术水平提升，拓展教学信息化建设

（一）信息化教学素质水平的提升

按照教学需求实施有效的信息化拓展，明确具体的素养标准；采用有效的实际操作，加强重点水平分析。信息化素养在获取、处理、加工、利用上具有良好的稳定性，教师可以有效地理解信息为标准，获取教育信息化的作用分析，主动获取信息化资源，专心投入教学。教学需要加强信息化敏感认识水平，加强信息化安全意识的综合管控。在工作中，需要加强价值信息化的建设，运用必要的信息化技术，不断提升教学内容应用。分析总结出明确、具体的方法，形成固定的教学模式。充分利用教学的具体需求，深化学生综合素质水平锻炼，提升学生的综合素质。

（二）教师信息化教学设计思路的提升

引导学生加强学习、学得好、有学习兴趣，帮助教师以有效的信息化教学设计形式，提升教学信息化设计水平。教师根据具体的零散课程内容进行整合，明确具体的主题思路和设计方式，按照设计目标，加强学生学习核心价值的分析。按照教学设计思路，实施开放形式的问题分析，提高开放综合利用效率，增强学生的学习兴趣，引导学生积极参与，努力实践，从设计中不断提升学生探索知识的能力。学生有了新任务后，需要不断增强学生对问题的解决能力，帮助学生提高思维技能水平。按照信息化教学背景发展要求，强化写作分析，针对学生学习过程，实施有效的学习资源评价分析。

（三）依照实际信息技术内容，加深对课程整合能力的拓展

信息技术与课程整合分析中，需要加强对教师教学工具的分析，将两种思路融合到一起，重视教学教材形态的分析，明确教学媒体内容。按照信息化时代的发展要求，加快教师综合素质水平的提升，引导信息化技术教学，通过灵活的操作，加强现代化信息教育理论与信息素养。教师需要不断实践，重视自身信息化技术能力水平的提升，及时发掘教学现代标准内容，推进信息化技术与课程之间整合，加快适应信息化时代发展，拓展信息化综合应用。

（四）创新素质水平的作用与提升

教师按照学生设计要求做好主题单元的分析，明确学生需要解决的具体问题和思路，准确分析具体资源、工具和操作效果。学生按照具体的目标，实施自主化探索分析，加强主动任务的创新。按照主题资源，以网站形式、文本、动画、音频、视频、图像等应用类软件进行主题资源分析，提高资源信息的准确获取效果，加深信息化学习积极性和创新性应用。

学生在学习过程中，需要对相关内容进行具体的评价分析，包括评价标准、素质指标、权重、分级描述等内容，分析其具有的差异化评价标准。要利用具体的评价量，加强对学生的综合衡量，重视学生的个性化差异问题。从实际情况出发，分析具体需要解决的方案，准确判断，加强对学生学习心理水平的分析，加强社会需求的适宜判断。伴随着社会的快速发展，教学的综合发展水平逐步提升要加强教育阶段的分析，重视学生综合素质的培养。要依照学生各个方面的情况，运用信息化技术，完善学生综合学习资源能力的培养，提升学生的综合发展水平。教育需要逐步细化，明确具体的信息化手段。教师通过运用教学技术的操作过程，加强创新素质的综合培养，实现教师素质水平的提升。

（五）教学教育质量观念的转型分析

教师教育信息化建设过程中，需要依照信息设施的建设基础，从信息资源开发入手，推行有效的信息化技术分析，明确教育技术应用范围，不断提升教育综合质量管控。教育信息操作以教学信息化发展为基础，加强信息教育的关键作用分析，明确教育信息的发展进程，投入必要的信息基础建设，结合信息需求，实施必要的专业化建设，完善信息资源获取和管控水平。要依照教育综合信息的感受和认识标准，加强信息价值的专业化应用，不断提升多途径、多渠道的价值获取，促进信息的发展。要识别信息的真伪，遵循信息道德规范的活动标准内容，分析信息处理的方式和方法，提升信息工具的处理能力，从中获取必要的知识信息，提高信息的识别率，加强信息操作管控，不断创造、不断创新，提高信息综合发展水平。

（六）教师跨越发展，提升教学综合动力源

教师的教育素质和能力是关键的教学质量因素，传统教学模式中，需要以教学为中心，依照教学方式的实际情况，引导学生被动接受教师传授的知识内容。信息化教育主张在教师的引导和发展中，以学生为中心，重视角色的转变，引导学生更好地提升学习乐趣。按照教学模式水平，加强教师信息化技术水平的建设，不断提升信息技术应用，提高教育活动综合技术含量，实现教育水平的跨越和发展。

教师在教学模式中，需要以现代教学技术素质为标准，重点分析基本知识、信息化文化内容，掌握基本技能，提高现代化技术的熟悉和应用水平。教师具备的这些教育技术素质需要以有效的教学技术发展培训为途径，重视教育信息化的发展，明确具体的操作模式，提升教师的教育技术水平和应用能力水平。要依照教师的基础情况，加强教学技术培训，合理分析教学基本理论，明确技能实训操作，提升教师的教学能力水平。教师需要应用具体的教育技术标准，加强分析，提高教师的综合教学方法，明确具体综合思路，提高教育技术的综合应用。

（七）加强信息教育技术教师的培养

按照教育信息的发展要求，结合实际信息教育技术标准，开展有效的培养模式，定期对教师进行教学技术的培养，对传统的教学操作模式进行分析，加强信息化教学技术的培养，严格教学投入标准，明确专项资金划拨，制定优惠政策标准。重视教师教育的信息化建设，运用有效的教育培养办法，结合教学与信息化技术的合作，实施共同教育技术培养，加强信息化技术合作提升，加深共同模式的教育技术培训，建立有效的教育培训思路，引导教师进行必要的交流，对资源进行共享。通过政府、社会学校的沟通协调，逐步推进教育信息化进程的发展提升。

运用必要信息化技术，提升教师信息化素养分析，搭建有效的信息化发展平台，通过信息检索、信息分析、信息处理，实现信息技术的发展，提升教育实际问题处理的能力。按照相关认知、技术标准、理念思路，构建必要的要素信息意识思想，提高信息知识、信息处理能力、信息伦理建设、信息教育等多方面内容的分析，加强信息化素养标准的建设，充分了解自己的信息需求，学习具体信息技术标准。按照信息需求，实施有效的系统数据问题分析，阐述具体问题，做好信息检索，加强信息系统的研究，及时辨别信息源知识标准，制定相关策略。充分利用计算机、网络、通信等途径进行分析，提升综合技术的培养建设能力。

第二节　教师教育技术的优化培训

信息技术的变革，推动着各行各业的发展。在学校教学过程中，学生广泛采用网上学习、手机移动学习等方式，教师也应加强教育技术培训，掌握教育技术最基本的理论知识与技能。在培训过程中，要处理好培训目标与培训内容的关系，一方面，确保培训基本内容的传授，另一方面，要保证培训与时俱进，紧随时代发展潮流。

教师是教育的首要资源和核心要素。怎样有效提高教师的专业水平，既是教师的个人问题，也是学校、社会及教育行政管理部门共同面临的课题。信息技术时代，要求教师掌握信息技术工具，在信息技术环境下具备教育技术能力，满足时代的要求。本节就教师教育技术的优化培训略提浅见。

一、优化培训的支持

（一）多媒体系统

分布式多媒体系统已经成为构建大型交互系统的范例，它们在各自的逻辑环境中运行，有自己的交互规则、同步规则、数据集、时间等。但是，这些系统构建平台和通信协议，基本上是各自独立的应用系统的开发。水平可伸缩的 WEB 系统，新的互联网之间的节点不影响原有结构，一个客户节点删除也不会影响其他通信。但是作为一个应用系统，需要有许多客户端同时参与和交互。单个 WEB 服务器可以处理有限的连接，并且可以执行管理功能，当大量客户端加入时，我们希望建立一个纵向可伸缩的 WEB 系统结构，并建立分布式多媒体系统。

（二）网络学习模式

当今社会，信息技术快速发展，各种新型技术已经改变了人类的生活、学习、工作方式。智能化、智慧化、虚拟化、仿真化、云处理等，改变了知识状况，产生了知识的新特征。基于互联网的学习，主要有信息检索和浏览资源功能、耦合资源检索功能、资源访问功能。

（三）在线教育平台

当今中国，尽管网络课程和开放课程快速发展，但互动不强、学习效果差。慕课的出现促进了国内教育的发展，其在中国的发展目前存在着几个问题：一是教学过程相对简单，缺乏互动，缺乏优秀的课程资源；二是在"宽带中国"战略实施的同时，缺乏专业的维修人员，设备问题无法及时得到妥善解决；三是教育网络机构管理和处理的人力资源系统不够完善。

二、优化培训的开展

（一）培训项目设计

主要有项目内容和项目教学方法。教学方法设计有助于项目再生，提高项目的可接受性。优化培训的项目设计是一个复杂的问题，而且培训效果需要较长时间来体现，所以可以通过一系列思路、方法，加上训练团队形成的大量经验，梳理有效思路，希望形成一系列有效的培训实践策略。

（二）形成一线教师基本认识需求

在多年教学实践的过程中，坚持教学进课堂，关注教师教学的观察、思考经验，探索解决教师面临的主要困惑，在课堂教学过程中发现问题、总结经验，形成初步的基本认识需求。

（三）整理和总结培训项目设计的经验

参与训练实践，开展针对教师信息技术的专业培训，使其积极参与学科基础教育新课程改革以及以信息教学能力为目标的训练。

（四）分析和创建一个过程框架

培训项目设计思维的研究，是一个系统工程，主要有分析项目主题、建立设计方案、实施和评价设计方案、修改设计方案等环节，包含了丰富的内容。

（五）建立科学实用的教师能力培训系统

目前我国教师教育技术培训，注重两个方面，一是建立完整的教育技术理论体系，让所有一线教师掌握理论知识；二是强调工具的使用，以及相关技术参与教育教学领域。科学实用的教师能力培训应是两者的结合。

（六）培训项目设计研究模型的构建

要引进概念形成教学设计思维。在教育实践中，当我们对某一问题形成一种看法时，如何有效地组织这些信息并以适当的方式向他人呈现这些想法是教学应用中普遍存在的问题。教育设计思想不仅注重教学设计，而且注重设计的实现和表征。我们设计的任何教学活动都将以特定的方式进行描述，当我们与他人分享我们的设计想法或在特定的应用程序中显示特定的设计概念时，必须有一个操作演示。

21世纪，创新意识和创新能力是教师的必备素质。新课程改革要求教师要改变过去的教条和程序，使教师和学生之间的互动成为一个充满激情和创造力的过程。一个具备创新能力的教师，会影响学生创新，提升学生开放思维，提高学生创新能力。

教师要充分利用自己的综合知识，培养创新意识，提高创新能力，整合各种学科知识。

作为一名专业教师，要知道如何利用自己的优势来实现教学目标。

三、优化培训的实施

设计方案的实施。项目设计实施的获益者是一线教师，但最终的受益者是学生。在培训项目设计过程中需要对项目进行价值分析，是因为教师知识结构的复杂性以及学生认知需求的多样性。在过去的认识论中，一般来说，教师教育只需要两个步骤，一个是接受职前教育，一个是接受在职教育，甚至两个阶段的教育可以延续一个人的整个职业生涯。然而，近年来，大量的研究表明，除了接受职前教育外，教师在整个职业生涯中会不断产生新的知识需求。在教学实践中，不同学习者的认知方式有很大的不同，教育技术不是万能的，因此，培训不是为广大教师创造统一的教学模式，而是要有针对性地优化培训。借助教师掌握的基本知识和技能，建立相应的应用意识和态度，在专注于创新的应用和实践教学过程中，形成更多样化的教学策略。

现阶段教师教育技术能力培养项目中存在着复杂的背景因素。由于地区差异，教师的能力水平不平衡，教师的学科背景与教师对概念理解的经验差异完全不同。因此，为所有的教师建立一个普遍的培训标准是非常困难的。为确保培训的有效性，必须建立大众化培训目标，所以培训离不开培训对象（教师和学生）的需求。

一是教师专业发展。教育技术建设的前提是考虑未来教师的能力、哪些能力必需、能力建设培养与原来的能力如何结合，以及教师如何在实践中实施素质教育等。

二是未来学生成长。教育技术能力建设的最终获益者是学生。教师必须了解社会、了解需求，培养学生形成与别人交流、沟通、协调及解决问题的能力，提高技能和创新意识。学生能否掌握这些技能，对教师能力提出要求。

三是建立易用教育资源。学习资源占有不平衡，才有教学活动的出现；如果教师和学生之间的资源没有差异，教师和学生之间的关系就不会存在。随着资源携带方式和形式越来越丰富，人们获得资源的机会和方式将有更多的变化。各种形式教育技术能力的建设，一个重要的任务就是帮助教师了解资源，学习使用各种形式的资源。

四是形成有效的学习过程。在建立适当的资源后，还需要考虑如何建立一个合理的学习过程。在长期的教学实践中，大多数教师都在追求如何提高学习效率，并有了丰富的经验。然而，许多看似有效的活动往往是以牺牲学习者为代价的。教育技术能力的培养是寻找新的教学方法，这些方法是否有助于提高学习者的学习效率，应是培训关注的重要问题。

五是学习活动设计。基于人类发展的视角，学习活动设计应以人的成长为中心。分析人们在很长一段时期内可能遇到的现象，并将其转化为一系列相互关联的活动，反映了培训的实效性。生命不仅是一种生存，也是一种自然的过程，一种自由的过程。培训和学习不仅是简单的教学应用，而且是期望帮助教师尽快适应教育技术的应用，使其能自由地投入和输出未来的个人成长和教学事业。人的认知过程是非常复杂的，但在复杂的认知过程中仍然存在着一种特殊的规律。在活动设计的过程中，应该从学习者的角度，强调设计活动认知过程的影响，可以通过心理机制分析接受知识和技能，概括为四个基本元素：理解、创造、共享和评价，从而创建一个学习项目活动模型。

在设计优化培训项目的过程中，设计者必须考虑的问题是项目设计效果评价。在教学或训练实践中，我们经常发现，尽管有相同的学习或训练目标，但教学或训练的效果往往各不相同。学校现代化教育的兴起，对教师专业能力的要求也越来越高。教学内容能否以适当的方式传递给学习者已成为判断教师能力强弱的重要因素。

在教育技术培训的过程中发现，不同起点的学生在教育技术能力上有很大的差异。培训内容的设计需要考虑多方面的要求，形成合理的思路。现阶段，教师教育技术能力水平的界定必须与其他教育现代化项目相结合。

教育技术优化培训项目随着教育技术学科领域本身的发展而发生变化。培训目标和内容在培训过程中要保持一致，一方面，基本内容要反映出国家的总体培训目标，另一方面，还要更新和补充培训内容。

教师教育技术能力的培训，将会影响当前社会教学形式的变化。教师教育技术培训不仅是一个项目设计，也是一个培训方案，是一个"标准"的标准，整个培训应该考虑实施效果的评价。到底什么是标准中的"标准"，这个问题要在研究过程中认真考虑，并应该反映在项目设计的整个实践过程中。但实施结果是否符合标准，还需要项目培训以及长期的实践给出一个明确的答案。

教师教育技术能力建设是系统工程，其有效实施不仅需要政策支持，还要有社会和教师的配合，特别是地方行政部门和学校管理部门的大力支持。设计培训方案是将培训项目和培训对象的学习需求统一起来，使培训和学习过程能够与教师的实际需求相结合的过程。

第三节　知识管理视角下教师教育技术培训

随着社会发展，人们对知识的需求程度不断变化。教育工作作为推动社会发展的一大动力，面临着极大挑战。简单的教室、黑板、教科书已无法适应社会的发展。因此，学校需要引入现代先进的教师教育技术培训思想和模式，顺应时代的发展，借助网络与科技的力量，不断对教师教育技术培训模式进行改革与创新。

一、知识管理视角下，教师教育技术培训存在的问题

（一）教师教育技术培训课程设置不合理

目前，教师教育技术培训课程一般分为教育理论课程和技术训练课程，并且分别由不同的培训教师进行授课，两门课程缺乏整体衔接，教师在接受培训以后，虽然学会了理论与技术，但还需要学习如何将两者结合。

（二）教师参加培训的积极性不高

教师教育技术培训属于成人教育，教师参与的积极性越高，培训效果就越好。然而，一些教师教育技术培训的开设是顺应上级部门的要求而开设的，培训开展得不认真，教师参与的积极性不高，造成教师教育技术培训数量多，但未达到预期的效果。

二、知识管理视角下，教师教育技术培训需要关注的重点

提高教师参与教师教育技术培训的积极性。在开展教师教育技术培训之前，培训学校应通过调查和评估教师对教育理论知识、技术知识的不同需求，制定教师教育技术培训的课程内容，使教师真正参与培训中，通过参加培训获取所需要的知识，提高教师参与教师教育技术培训的积极性。在培训结束后，学校要对参与教师教育技术培训的教师进行评估，同时对在培训过程中表现突出的教师进行奖励。

每一期教师教育技术培训内容的设计都需要预先与参与培训的教师进行沟通或者通过调查问卷的方式接受反馈，制定与本期参与培训的教师知识需求相适应的培训主题，根据培训内容的不同，采用不同形式的培训方式，提高教师教育技术培训的效果。

教师教育技术培训的核心不是"技术"本身，教师教育技术培训的核心是通过对教育理论知识和技术知识的讲解，使参与培训的教师学会如何将教育理论知识与技术知识相结合，并且运用到教育工作中，而不是对教学技术本身进行培训。

通过教师教育技术培训，教师在学习教育理论知识和技术知识的基础上，学会将教育理论知识和技术知识相融合，同时通过参与教师教育技术培训端正教育态度，通过培训与授课教师、参与培训的教师就工作经验进行交流和分享，丰富教师的阅历。

三、知识管理视角下，教师教育技术的培训模式

随着现代科技的发展，学校要在传统的教室、黑板、粉笔、教科书的教育培训模式中逐渐融入电子白板、网络课堂等新元素。教师教育技术培训具有时间短、内容多等特点，培训的过程中，学校需要根据培训的内容以及参与培训教师的特点，选择不同的培训模式。

（一）网络课堂培训模式

在开展教师教育技术培训之前，培训学校需要向参与培训的教师讲解开展本期培训的目的和意义，让参与培训的教师更好地了解本期培训的内容。网络培训模式最突出的特点是可以自主选择学习时间。学校通过网络课堂开展教师教育技术培训，设置培训的必修课程与选修课程，要求参与培训的教师在固定的期限内完成培训网络课堂必修课程的学习。参与培训的教师可以根据自身情况选择听课的时间，同时可以根据自身对知识的不同需求选择不同选修课程的学习。培训结束后，参与培训的教师可以在网络平台上对本期培训进行匿名反馈。培训机构或者培训部门通过反馈内容可以不断完善培训内容和网络课堂的设置。

信息时代，教师需要顺应时代的发展潮流，在掌握所授课程的知识技能和教学技能的基础上，学会运用网络课堂丰富提高自身的教学水平。教师的受教育程度、教学环境各不相同，网络课堂模式可以满足不同需求的教师，使所有教师都可以参与到教师教育技术培训中。观看网络课堂的时间可以由参与培训的教师自由选择。但是，网络课堂模式也存在一定的弊病。由于教师必须在规定时间内完成必修课程课时，部分对教师教育技术培训不够重视的教师会出现仅仅为了完成课时而播放课程，这部分教师实际上没有真正参与教师教育技术培训。同时，网络课堂模式必须利用可以连接互联网的电脑，听课时间由教师自由选择，这在一定程度上影响了参与培训的教师的注意力，部分教师在听课的过程中注意力容易被分散，造成教师教育技术培训无法达到预期的效果。通过网络课堂模式进行教师教育技术培训，不利于讲师与参加培训的教师面对面交流，教师出现任何疑问，只能通过网络平台进行表达，缺乏一定的真实性。

（二）面授培训模式

面授，即当面传授。通过面授培训模式开展教师教育培训，学校需要在开展培训的前期收集教师对培训内容的需求，制订统一的适应大多数参与培训的教师的课程计划。面授培训模式的突出特点是有益于教师与讲师面对面交流。在参加培训的过程中，学校可以随时对讲师提出疑问并且得到答复。同时，面授培训模式将同一类型的教师组织到一起，有利于教师在培训过程中进行面对面的学术交流。

相对于网络课堂培训模式，教师无法自由选择参与面授培训的时间。通常，面授培训会在固定的几天内，将培训内容进行集中的讲解。参与教师教育技术培训的教师必须保证培训时间。教师教育技术培训的面授培训课程内容多、培训时间短，参与培训的教师可能无法快速吸收和理解培训内容。同时，面授培训的课程一般统一安排在晚上或者周末，参与培训的教师易产生疲劳心理。

（三）多媒体与面授结合的培训模式

很多教师的教育技术培训选择多媒体与面授相结合的培训模式，这种培训模式适合培训讲师无法到当地进行面授的情况。受当地培训机构培训能力的限制，或者受培训内容的限制，一些教师的教育技术培训课程无法聘请专业的讲师进行面授，因此，衍生出多媒体与面授相结合的教师教育技术培训模式。这种培训模式相对于面授培训，在时间安排上，学校具有一定的自主权。学校可以根据教师任课的实际情况，安排部分教师在非任课时间到多媒体教室统一观看培训课程，既可以保证在一定时间内对教师进行集中的培训，又不占用教师的私人时间。同时，小班次的多媒体课程有利于教师对培训内容进行讨论与交流。但是，这种多媒体与面授结合的培训模式存在一个弊端，就是不利于讲师与教师的交流。所有对课程相关内容的疑问，都需要学校进行统一的收集和整理，反馈到培训机构，再由培训机构进行统一的答复。

任何一种培训模式都具有优点与缺点，教师教育技术培训效果，取决于参与培训的讲师、教师以及培训内容的选择。任何一种培训模式，都可以教授参与培训的教师如何从事教育工作，详细讲解教师所需要的教育理论知识与技能知识，为参与培训的教师进行答疑解惑。

社会飞速发展，人们对知识结构和教育水平的要求也不断提高。通过教师教育技术培训，参与培训的教师在校内甚至校际的平台上进行交流与对话，通过知识的学习和经验的积累，可以提高自身教学水平，适应当今社会的发展。

第四节　网络环境下的教师教育技术能力培训

随着网络信息技术迅猛发展，教育教学手段不断创新。教师的素养与能力拥有了全新内涵，教师需要具备现代教育技术的应用能力。在明晰教师教育技术能力的重要性后，可以通过网络环境，对高校教师教育技术能力进行培养，提出相应的解决方法，为将来教师教育技术培训提供参考。

受现代网络信息技术的影响，人们的教育理念不断更新，重构教学环境、创新教学模式尤为重要。相对于传统课堂的面授教学，网络时代的教学具有显著的灵活性及自由度，在教学品质方面越来越受到人们的关注。教育技术能力的培养在现代教育教学工作中极为重要，已成为深化教学改革、创新教学模式的必要方式，因此，有效发挥网络环境的优势，强化高校教师的教育技术能力，成为提升教学品质的主要途径。

一、激发学习兴趣

接受培训的教师信息化素养具有较大的差别，所需各有不同，要通过培训使教师将教育技术与自身领域的知识相融合，培养教师终身学习、合作学习的能力，需认真考量多方因素、选择合适的培训方式才能实现。教师通常无法空出较多的时间进行脱产学习，应当激发学员学习动机确保学习的品质和进度，要让学员意识到培训对自身的实际用处，才能保障培训正常进行。参加培训的学员都会在开始阶段对学习具有兴趣，可是随时间推移，这一热情会逐渐消退，所以培训的组织者必须持续调动学员的学习激情。

二、自主协作学习

自主学习和协作学习的能力是教师一定要具有的两大本领，因此，教师教育技术培训应注重这两个方面能力的形成。要根据学员情况进行分析，为学员制订个性化课程计划，发挥自主学习的优势。协作学习不仅有利于学员高效率学习，还有利于弥补培训资源不充分的弊端。

参与培训的学员大多是具备丰富教学经验、进行大量实践工作的教师，要了解学员的思维与语言方法，通过符合学员习惯的方法及语言进行问题讲述，更好地组织学习，将学员从单一的教育资源耗费者变成教育资源缔造者，从被动学习变成产出学习。

三、网络环境的设定

传统的教育技术培训通常将技术的学习和学习氛围的创建分开进行，对学员体会网络时代教学的优势极为不利，也对学员提升学习技术十分不利。组织者应通过各种方法建立信息技术氛围，加快教师信息素养的提升及信息技术的学习。

（一）建立培训虚拟社区

培养虚拟社区指的是专门为培训提供服务的虚拟社区，属于教育虚拟社区的内容，培训虚拟社区包含网络环境、培训网站及进行培训活动的所有人。通过培训引进虚拟社区源于两方面考量：网络通过其特有的优势为培训提供了全新的方式以及丰富的学习资源。

身为信息时代的教师，掌握信息技术不但有利而且必要，在网络环境下，人们的工作与学习的环境产生了翻天覆地的改变，教育在技术与环境中也产生了相应的变化，这使得教育目标、方式以及途径必须转变，培养的学习者也需要具备通过网络获取、共享资源的能力，进行工作、学习与生活。因此，组织者在培训时应当给予学员便利的上网条件。

只为学员提供便利的上网服务还不能令其感受到网络时代的学习特征，因此还需要建立专门的培训网站，其一，培训网站能够为学员提供学习平台；其二，带领学员积极融入网络学习当中，可以深入了解教育技术理论与应用。因此，应通过相应的网络活动，建立培训的虚拟社区。

（二）建立平等自由的沟通平台

1. 创建学员论坛

培训组织者通常较难真正体会学员的感受，可是在论坛中，这一问题将迎刃而解。在培训论坛中，不仅学员可以沟通和学习，培训指导教师也可以一同讨论。学员可以通过匿名的方式发表言论，能够自由、真实地传达自身对培训的建议与意见。

2. 运用 QQ、微信等即时沟通工具在线进行沟通

虽然在论坛中学员可以自由沟通，可是这一沟通属于非即时性，有一定的局限性，而QQ、微信等即时沟通工具的产生解决了这一问题。通过即时沟通工具，学员相互间能够单独进行交流，也能够在 QQ 群、微信群中对某个主题一同交流。指导教师同样能够对学员的问题进行在线答疑，有利于激发学员学习的创造性以及积极性。

3. 学员参与的网络管理

培训指导教师在重视培训网络这一虚拟环境中产生的大事小情时，还需激励学员融入网络学习与管理中，这一工作时常会被组织者忽视，培训的组织者必须强化对虚拟社区的了解和管理方法的分析。培训虚拟社区的管理方式应是培训组织者引导下的学员参与制，由于培训组织者在精力与人手方面都有所局限，一旦承担诸多培训组织、教学工作后，将

不能担负培训网络管理的工作,所以,在管理方面可以鼓励学员一同参加,有利于工作开展。

四、管理与评价

(一)管理体系

1. 及时反馈,动态协调

为了确保可以及时获得反馈信息,培训人员应充分了解学员,通过平等方式进行沟通,尽快与学员培养关系,还需创建有效的沟通机制,确保信息通畅。在网络环境中,组织者能够通过网络沟通工具与学员及时进行沟通。培训的组织者应当对动态管理具有清楚的认知,需充分分析、考量在培训时会出现哪些问题,应当通过哪种方式给予解决,确保问题产生时得到处理。培训组织者需要时常进行内部交流,及时做好下一环节的工作编排。培训管理工作大多是人与人的沟通,培训组织者具备良好的沟通技巧、沉稳的品质及宽厚的胸怀尤为重要。

2. 自组织管理方法

进行培训的学员均为教师,具备良好的自我管理能力与工作经验,引导学员自我管理,不但能够降低培训组织者在管理方面的重担,还能够获得良好的管理成效。不论作为学习的组织者还是其他方面的组织者,均可以通过自组织的管理方法获得良好的成效。

(二)评价体系

1. 对学习过程的评价

传统学习评价大部分重视学习的结果,通过对学习目标的实现状况分析学习效果,这一评价方法虽有优点,但也有不足。单纯通过成绩判定学习者的学习效果及推断学习者的学习过程并不准确。信息时代中,社会越发需要具备较强分析能力与缔造能力的人才,而教育也应更为重视过程而非结果。

2. 对学习结论的评价

对学员学习结论的评价也应当成为对学员学习评价的一个主要标准。对学员学习结论的评价可以参考传统学习评价的评价方式,只有将学习结论的评价做好,与学习过程的评价相结合,才能够达到最佳的效果。

3. 学员自我评价

学习是学习者对自身学习方法与学习过程持续反思的过程,协助学员持续进行自我评价不但是培训评价体系中的一个环节,更是学习活动中的重要方面。通过反思自身的学习活动,学员能够及时协调自身的学习方法,调节自身的个性化课程,从而优化内容的学习。

4. 组内评价与组间评价

协作学习是培训的一个重要学习方法,组内评价与组间评价是评价体系内的主要内容。学员处在相同学习小组当中,相互之间更加了解,因此相互间善意的批评与评价是协作学习的一个重要方面。组间评价对强化学习小组相互间的沟通十分有利,也对小组成员之间的学习及反思更加有利。

综上所述，网络环境下的教师教育技术培训无法彻底摆脱传统培训的方式而存在，两者是相辅相成的关系，要加快网络环境中教师教育技术能力的提升，不断推进我国教育教学事业的发展。

第五章 新时期教师教育政策

第一节 我国教师教育政策研究

改革开放以来，我国教师教育政策研究取得了可喜的进展与成就，研究数量日渐增多、研究主题日益丰富，研究视角日趋多元、研究方法日益多样。未来研究需进一步夯实教师教育政策的基础理论研究，加强科学、严谨的政策过程研究，拓展和丰富多学科视角的研究，在教育公平理论新视野中开展教师教育政策及实践研究，以期在教师教育改革与发展的现实决策中充分发挥有价值、负责任的智囊、参谋作用。

20世纪70年代以来，全球范围内教育研究逐渐形成了教育政策和教师教育两大重心；教师教育政策研究，作为交集更是成为令人瞩目的焦点。我国教师教育自20世纪90年代中后期以来，在政治、市场、学术等多重力量推动下进入重大转型期；伴随理论的蓬勃发展和实践问题的层出不穷，教师教育政策的研究、制定和调整工作日渐活跃；陆续出版的教育政策与法规专著开始涉及教师教育政策，报纸、杂志、网络中对新政策也不乏宣传性评论及对以往政策弊端的评论和对策建议。本节主要基于中国期刊网录入论文和教师教育研究专著，考察、分析我国教师教育政策研究的进展与成就及其未来拓展与深化。

一、教师教育政策研究的进展与成就

改革开放以来，我国教师教育政策研究取得的进展与成就主要表现在以下几方面。

（一）研究数量日渐增多，研究主题日益丰富

我国教育政策研究起步较晚，教师教育政策研究也相对滞后。1980—1989年间，以"师范教育政策"为篇名检索词，在全部期刊中一篇文献都没有；以"师范教育政策"为主题检索词，在全部期刊中仅1987年有一篇会议新闻稿。1990—1999年间，以"师范教育政策"分别为篇名和主题检索词，在全部期刊中仅有2篇和3篇文献；以"教师教育政策"为篇名和主题检索词，在全部期刊中均一篇文献都没有。2000年至今，以"师范教育政策"为篇名检索词，在全部期刊中有9篇文献（其中7篇关于免费师范生教育政策）；以"师范教育政策"为主题检索词，在全部期刊中有35篇文献（其中23篇关于免费师范生教育政策）；以"教师教育政策"为篇名检索词，在全部期刊中有88篇文献；以"教师教

育政策"为主题检索词，在全部期刊中有 197 篇文献。（以上数据的检索时间为 2017 年 8 月 12 日）此外，2002 年《中国教育政策评论》以整本篇幅载录了大学校长、学者的教师教育政策研究成果以及西方国家教师教育改革与发展的经验；张乐天主编的《教育政策法规的理论与实践》分析了教师教育政策的历史沿革，对我国教师教育转型背景下的政策法规建设提出了建议；孙绵涛等著的《教育政策论》单列了"教师政策研究"一章；2003 年陈永明等著的《教师教育研究》回顾了新中国成立后我国教师教育政策法规的发展历程，揭示了教师教育政策法规存在的问题，评析了三项热点政策法规，并对 21 世纪教师教育政策法规建言献策；2006 年，祝怀新著的教师教育政策研究专著出版。

教师教育政策是国家机关、政党及其政治团体在特定历史时期，为实现教师教育发展目标和任务以及解决教师教育发展中存在的问题等，依据党和国家在一定历史时期的基本任务、基本方针以及教育基本政策而制定的，关于教师培养、教师入职教育、教师培训发展的行动准则，体现了对教师素质和对教师选拔、任用、考核、培训等相关制度的规定以及在工资、职称、奖惩及其他福利待遇等方面的要求。教师教育在整个教育体系中的特殊地位注定了教师教育政策在国家教育发展中举足轻重的作用，教师教育政策研究的价值和意义不言而喻。作为我国教育政策重要组成部分的教师教育政策，虽然研究数量较为有限，但已呈逐渐增多的趋势；特别是 2001 年 7 月华东师范大学成功主办了主题为"教师教育改革与发展政策研究"的第三届教育政策分析高级研讨会，代表们深入研讨了教师教育制度改革、教师教育优先发展战略、中小学教师队伍建设、师范院校布局结构调整、教师教育改革难点等问题及相关政策，有力推动了我国教师教育政策研究。此后，研究日渐活跃。

研究初期，研究者主要致力于教师教育政策的历史研究和比较研究，通过梳理我国教师教育发展历程的政策变迁和介绍世界各国（或地区）的教师教育政策发展，剖析世界教师教育政策的变革趋势、查找值得我国借鉴的经验或汲取的教训等，这种"以史为鉴"和"他山之石，可以攻玉"的研究是教育史和比较教育研究的核心旨趣，一直是教师教育政策研究中的主流，研究者目力所及的国家和地区也与日俱增，对美国、英国、法国、德国、澳大利亚、日本、俄罗斯、瑞典、韩国、奥地利、巴基斯坦、泰国、南非、新加坡以及欧盟等地区的教师教育政策，都有专文进行深入分析。

21 世纪以来，中国教师教育政策研究内容越加丰富，研究主题从针对教师教育体制、课程与教学、教师资格制度等微观政策（如教师教育封闭性与开放性、师范性与学术性、职前培养与职后教育一体化问题等）拓展到教师教育政策价值取向、伦理诉求、激励效果等宏观层面；除关注整体意义上的中小学教师教育相关政策外，针对农村地区教师、农村特岗教师、民办教师、代课教师、幼儿教师、高校教师、高职院校"双师型"教师、职业教育兼职教师等特定教师群体工作环境及专业发展的相关政策研究日渐深入。

（二）研究视角日趋多元，研究方法更加多样

时至今日，日渐增多的教师教育政策研究中，依然有不少研究属于宣传性解读"规

定""意见""决定""细则"等各类政策文本的内容，概括性评论也远非严格意义上的政策分析；在大量分析教师教育现状、揭示相关政策问题、提出政策建议的研究中，对现象和问题的揭示更多基于事实性累积而非科学实证调研。伴随我国社会政治民主环境和教育政策科学的发展，越来越多的研究者出于学术良知、正义和社会责任感，勇于直面我国教师教育政策的不足，在正确解读政策文本的基础上，关注诸如教师资格考试与认定、教师聘任与教师编制、教师继续教育、教师轮岗、教师绩效工资等具体政策的执行过程及其效果，在调研资料分析基础上对政策改进提出了负责任的建议。

比如，师范生免费教育政策研究。自 1902 年我国师范教育制度确立始，师范生免费教育政策先后经历了 1922—1932 年和 1997—2006 年的两度废止，2007 年开始在六所教育部直属师范大学恢复。随着这项政策的实施进展，学术研究亦从阐释该政策的历史、恢复的必要性与积极价值（如促进新农村建设和教育均衡发展，是对教师教育产品性质及政府公共财政职能认识深化的本质体现，有助于解决贫困大学生入学问题，令师范生在享受权利的同时完善自我、提升修养、服务社会，保障农村中小学教育质量，也有利于教师教育"师范性"的自我回归和我国教育、科技事业的健康、协调、可持续发展等），逐渐深入到分析政策的理想与现实冲突、面临的国家与个人风险承担、存在的缺失和可能引发的问题（如制度环境对政策施行的干扰与制约、信息不对称带来的误读与阻滞、培养策略偏失与背离培养目标、履约保障措施单一与不足等），呼吁某项政策在全国推行还需慎重决策；并针对政策实施中的问题提出改进策略。还有研究深入调查了某省师范教育的实际，分析了地方师范院校实行免费教育的可行性，并提出政策建议。

此外，有研究以 2014 年广东各地教育局招聘乡镇教师为例，分析了教师招聘的合法性问题，指出部分地区由于教育局未能坚持依法行政以及教师教育政策本身的含糊、矛盾，导致"教师招聘政策不但在教育和社会导向上存在问题，而且在合法性问题上值得探究"。还有研究分析指出，当前我国基于标准导向的教师教育政策存在底线标准制定难、保障机制不健全和制定主体单一等问题，需要通过转变观念、秉持差异补偿原则、培育教育中介组织和健全相关制度，积极加以完善。

在研究方法上，研究者也逐渐超越单纯对现行政策的描述性研究和近乎研究者个人"独白"的肯定性评说，越来越多地运用调查、访谈、文本分析等实证研究方法，力求寻求研究范式的突破，彰显政策客体的话语权力，使政策问题的揭示及改进措施的建言能够拥有事实数据和资料的支撑以及广大政策利益相关者的认同。

二、教师教育政策研究的拓展与深化

虽然改革开放以来我国教师教育政策研究取得一定的进展和成就，但从严格的政策科学角度来评判，仍有大量研究停留于对政策现象形态的表层描述和评论，理论分析框架相对松散，对政策本体形态和动态过程的分析性实证研究，对政策理念、目标、手段、评价、影响因素等的深度理论阐释，以及对最优政策制定的规范性、应用性研究等都相对缺乏，研究方法的科学性、严密性也有待增强。未来教师教育政策研究有着广阔的空间，教师教育改革与发展的现实决策也期待政策研究能够充分发挥智囊、参谋作用。

（一）夯实教师教育政策基础理论研究

虽然政策研究不同于旨在揭示事物发展规律、阐述事物原理或机理、增进科学知识并按照科学逻辑进行的"为学术而学术"的纯粹理论研究，而更偏向于改变实践，关注重心更侧重事实背后的利益关系、价值选择与冲突，更强调依循可行性、合理性原则，更多以政治逻辑展开，但这并不意味政策研究不需要开展理论探究与建构。事实上，没有基础理论的指导，不可能形成科学、有效的教育政策。20世纪50年代初的早期教育政策研究便多以教育政策的概念构成、本质特征、基本理念等为中心展开，80、90年代后才逐渐倾向和侧重于对教育政策制定过程、内容及其效果等实践性课题的探讨。相比而言，我国大多数教师教育政策研究往往将教育政策学的相关概念和理论当作教师教育政策研究中不证自明的前提和基础，对教师教育政策改革、创新的前瞻性指导并不明显，政策出台前很少查阅相关研究文献，对已出台的政策也相对缺少敏锐的及时追踪（如早在1985年我国就提出"教师聘任制""教师资格制"等，但其后相关的系统研究并不多，近10年来才有所改观；1993年颁布的《教师法》明确提出"教师是专业人员"，但1999年后有关教师专业化的研究才逐渐增多），对大量有价值的教师教育政策理论议题缺少深度探索。

比如，教师教育政策本质是什么？作为"教育政策"的下位概念和重要组成部分，教师教育政策显然同样具有教育性与公益性、目的性与可行性、稳定性与可变性、实践性与结构性、合法性与系统性等特征。除此之外，教师教育政策所独有的本质特征究竟是什么？政策是为实现一定社会政治目的而采取的行政措施，但行政措施只是政策的现象形态，其所蕴含的政治目的才是政策的本体形态，政策研究只有深刻洞察政策现象所蕴含的政治本质，才能据此提出有望得到政策利益相关者认同的、公正而有效的行政措施。如果说，政策的本质是权力及其带来的利益，那么，能否说教师教育政策的本质是关涉教师培养、管理、成长等的权力及其带来的利益？这需要对教师教育政策变迁所触及的各种权力的分配或重新分配进行深入的学理分析，只有具有深刻理论底蕴的政策研究才能为政策制定提供有力的理论指导。

又如，一项良好教师教育政策应具备哪些要素？良好教师教育政策的制定需哪些前提条件？如何实现政策制定过程及内容的绩效化（即通过一项政策的制定达到以最小投入获得最大效益目标）、科学化（指政策制定是经过多方选择、比较、实验的科学决策过程，而不是凭经验"拍脑袋"的结果）、民主化（即政策制定能够最大限度反映最大多数集团、阶层及个人的利益，保证政策的公平性和效益性）、程序化（指通过一定程序的实施保证政策制定过程始终处于理性、开放、可供检验的状态）等目标？教师教育政策主体与客体的关系、实际的价值取向与应有的价值追求、现实环境及其决定力量、伦理准则与内容体系、在教育政策系统中的地位是什么等，都是值得探究和挖掘的教师教育政策重大理论课题。

虽然"由于政策研究所包含的目的、方法上的丰富性与多样性，因此关于该领域的构成因素的模糊性并不令人奇怪"，我国政策研究者与制定者间的沟通和交流也正在逐渐增强，但是，正是政策内容构造上的复杂性要求围绕政策系统要素（主体、客体、环境等）展开多维、立体、深度的教师教育政策基础理论研究，才使教师教育决策真正建立在严格检验与科学论证的基础上，保证了教师教育政策制定、实施、评价的正义性和科学性。

（二）加强科学严谨的教师教育政策过程研究

教育政策学研究主要侧重两大领域：一是研究教育政策的制定过程，即"一项政策是怎样制定出来"，研究对象主要是政策制定的主体、过程、方法及环境与机制等，偏重机制和原理研究，亦称"政策的研究（studies of policy）"，研究任务是对被认为可能实现特定政策目标的各种备选政策行动方案进行分析、对比和排序，最终给出最优的解决方案，旨在为公共决策提供政策建议，并直接服务于政策决策者；二是研究影响政策形成或制定的各种因素、策略和方法，即"怎样才能制定出一项好的政策"，指向教育政策制定过程中的具体步骤、各步骤间的因素关系，以及对具体政策内容、策略、手段与保障措施等进行跟踪与反馈，研究政策过程与经济发展水平、利益集团博弈、政治制度、文化特征等要素间的关系，又称"政策分析研究（studies for policy）"。

具体地说，政策过程主要包括问题确认、规划、决定、执行和评价等五个环节。现实存在的社会问题并不都是公共政策问题，政策研究在政策问题确认、促使问题进入政府议程的环节发挥着重要作用。政策问题分析后提出相应的解决方案即为政策规划，涉及问题界定、目标确立、方案设计、后果预测、方案抉择等步骤。政策决定是决策者对政策方案的抉择，在此环节，政策研究的作用表现为提供科学决策方法、原则及标准，促进决策科学化、民主化。政策执行是实现政策目标的唯一途径，执行中会出现偏离目标的失真现象。政策评价是依据一定价值标准，对政策运行全过程进行系统、综合分析，总结政策运行的成绩、经验，揭示存在的问题、不足，为修订、完善政策及实现政策良性运行的过程。

政策过程的每一环节都蕴含着丰富的学理知识，政策研究既是政治行为，也是科学行为。迄今为止，在我国教师教育政策研究中，相对于大量的政策文本解读和阐释，教师教育政策问题的确认、政策规划、决定、执行、评价等诸环节的实证研究明显欠缺。政策研究特别强调要关注"可供选择的公共政策的性质、原因及作用"，力求帮助人们采取更有效的集体行动解决或减少重大政策难题。为实现这一目标，政策分析需清醒地认识政策实施中可能遭遇的现实问题，重视"理由与证据的使用，以便在一些可供选择的政策方案中挑选最佳的一个"。此外，政策能否得到有效执行直接关系政策成败，评价作为促进事物改进、完善与发展、创新的重要手段亦十分关键，深入研究政策执行和评价是完善政策必不可少的任务。任何一项教育政策都会面临巨大风险，教师教育政策亦然。我国教育学术界缺少对教师教育政策实效进行系统、科学的分析，人们无从知晓哪些政策是正确、合理、有效的，哪些政策是失误、重复或低效的。在"推倒重来"的改革思维影响下，新政策层出不穷却很可能会重蹈覆辙。教师教育改革对我国基础教育整体质量的影响可谓"生死攸关"，教育政策自身又具有发展性、延续性等特点，这些都使得全面、客观地分析、评价现行政策并做出合理扬弃，尤为重要和迫切。

为此，教师教育政策研究有待超越静态的政策文本分析，扭转偏重事实描述而忽视深层机理探究及实践应用总结的研究倾向，加强对教师教育政策实现过程的研究（例如，分析影响政策执行的因素，考察政策执行中出现的各种不良现象，分析原因并提出改进措施等），加大对实施中的政策开展科学、严密的评价研究。只有通过严谨、规范、科学、完整的教师教育政策过程研究，才能对政策目标的实现程度、执行效果等做出全面评价，从而判断政策的基本走向，决定该项政策能否继续实施抑或需要调整、更新，并从中吸取有益的经验、教训，为未来决策提供有价值的参考和借鉴，推进教师教育学术研究成果不断丰富与积累。

（三）丰富多学科视角的教师教育政策研究

公共政策科学作为日渐"显学"的社会科学分支学科，从诞生之始就是一个融合了哲学、政治学、经济学、社会学、人类学、心理学、管理学、统计学、运筹学、系统分析等多学科知识与方法，并将规范、技艺、方法融为一体，乃至将规划分析、选择决定和计划实施等有机结合的特殊知识领域，其以解决重大社会公共问题为目标指向，重行动及其效果是其基本特征，要求将理论工作与实际工作有机结合起来，并以制定科学、民主、可行和有效的行为规范为宗旨，其以解决社会实际问题及保证人类社会持续有序发展为追求。

政策的复杂性、综合性和多学科性等特点日益为人们所认识，教育政策研究也日益重视采用多学科方法和路径，发展基于复杂思维的多元研究范式（类推—演绎范式、经验—分析范式、诠释—理解范式及社会批判研究范式等）。相对而言，我国教师教育政策研究的范式、视角、方法等都显单薄。政策研究强调从问题出发、研究问题及解决问题，具有极强的问题性和实践性，力求面向实践、研究实践、指导实践；教育政策又是一个学术性要求极高的研究领域，与政策制定关联紧密，政治敏锐性也极强。《国家中长期教育改革和发展规划纲要（2010—2020年）》将促进教育公平作为国家基本教育政策，党的十九大报告再一次将发展教育事业放在保障和改善民生水平的优先位置，提出"发展素质教育，推进教育公平"的更高要求。研究者要对政策现象具有敏锐的问题意识，政策问题的发现、建构和提炼需要研究者尽可能多地拥有多学科知识素养，能够综合运用多学科知识和方法（不是由各个学科的知识和方法拼凑堆积而成，而是在新的学术框架中将各种知识和方法有机结合），真正"以问题为中心"而不是"以学科为中心"。当前教育学术界提倡的"新教育公平"观（主张"实现以'人'为核心评估域的视角转换"，"从教育本身出发，通过教育变革实现一种实质性的教育公平"即"为了每一个人都享有适合于自己的优质教育"的"为了教育的教育公平"，通过公平的教育"实现人的卓越或德行的圆满"）可以成为今后研究教师教育政策的重要知识资源。

教育政策研究中"对有关教育政策的基本状态及本质方面的讨论较多，而从大量事实出发、概括形成的关于政策分析及评价的有效及有说服力的见解则较少"的现象，在教师教育政策研究中亦不同程度地存在。教师教育政策研究同样需要充分利用各门社会科学取得的新成果，拓展自身的研究视野，不仅阐释政策现象，而且深刻剖析政策本质；不仅重视条文和措施，而且重视蕴含的政策思维或政策价值观；不仅提出政策建议，而且对政策制定做出前瞻性指导。教师教育政策镶嵌于特定政治、社会经济及历史脉络中，因此政策研究不能仅限于纯粹理性批判，而应批判性反省政策的历史及社会性，揭示政策制定、执行、评价过程中权力话语可能造成的偏颇；从教育史学或比较教育学视角出发研究古今中外各国、各地区的教师教育政策，也不能仅限于表层的事实介绍，而应多视角地深入分析各项政策背后的文化脉络、政治理念、权力纷争等，不仅需要厘清政策文本蕴含的意义，探究其发生背景、辨明其主体与对象，而且需要超越政策文本语意而将政策话语作为一种社会实践，探讨政策执行之于社会现实建构与个人存在的深刻影响。唯此，才能在切实把握我国社会和教育发展背景的基础上，深刻分析、探究我国教师教育政策的利弊得失、何去何从。

第二节　我国教师教育政策演进特征

教师教育政策是教育政策的重要组成部分。从层次上看，教育政策可以分为教育基本政策和教育具体政策两类。教师教育政策属于教育具体政策，是党和国家根据教育基本政策为解决教师教育问题而制定的具体政策法规的总和。2018年是教师教育政策的创新期，国家先后印发了《关于全面深化新时代教师队伍建设改革的意见》以及《教育部直属师范大学师范生公费教育实施办法》，进一步加强了教师队伍建设。教师教育政策研究有利于为我国教师教育发展提供引领。有学者认为，"教师教育学"知识体系应有三大组成要素，即"培养""任用""研修"，三者是教师专业发展必要的基石并且相互连贯、不可分割。"培养"在很大程度上决定了初任教师的专业化水平，更奠定了教师专业发展的根基；"任用"衔接着教师的"培养"和"研修"，以制度形式决定了教师职业对优秀人才的吸引力和教师队伍的整体素质、结构、容量及稳定性；"研修"是教师入职后的继续学习历程，是教师专业发展中最为重要的组成部分。进一步推进教师队伍建设，有必要从这三个方面对教师教育政策进行研究与审视。

一、教师培养政策的演进

（一）教师培养"免费—收费—公费"政策的变迁

我国师范教育制度始于1904年颁布的《奏定学堂章程》，其中规定了师范生学习的费用由政府免费提供，但学生"须自行出具亲供甘结，言明毕业后勉力从事教职，确尽报效国家之义务""毕业生有不尽教育职事之义务或因事撤销教员凭照者，当酌令缴还学时所给学费以示惩罚"。此后，由于教育财政紧张以及人们对教育和教师地位认识的变化等因素，教师的培养在不同时期历经了"免费—收费—公费"多次的政策变迁。1922—1931年国家停止了对师范生的资助，1997—2006年间教师教育学费制度开始从部分收费向全额收费调整。对教师教育优惠与扶持政策的弱化使师范生生源质量和教师职业的吸引力逐渐下降，师范院校教师教育的优势和特色无法凸显，为了扭转师院校办学特色被弱化的局面，教育部于 2007 年 5 月出台《教育部直属师范大学师范生免费教育实施办法（试行）》，师范生免费教育政策重新回归历史舞台。在中国特色社会主义进入新时代之际，为了在全社会形成尊师重教的浓厚氛围，吸引优秀人才从教，2018 年 8 月 10 日，国务院办公厅印发并实施《教育部直属师范大学师范生公费教育实施办法》，在六所教育部直属师范大学对当年 9 月份起新入学的师范生实行由中央财政承担师范生在校期间的学费和住宿费并提供相应生活补助的培养管理制度，使师范生享有最优质的教育资源。

社会环境和国内主要矛盾变化以及制度自身存在的不足是教师教育收费制度调整的推动因素。从教师培养"免费—收费—公费"的政策变迁来看，教师教育公费制度的实施不是历史的偶然，而是国家基于现实考量对尊师重教的社会期望做出的政策反应和对建设高素质专业化创新型教师队伍目标的举措。

（二）教师教育培养目标从"合格"至"卓越"的政策转变

教师教育培养的价值目标取向由合格走向卓越。首先，教师教育办学层次逐步提升，新中国成立前我国的教师教育体系主要以初、中级师范教育为主，建国之后我国建立了中专、大专、本科的三级师范教育体制。2004 年 3 月，国务院批转了教育部《2003—2007年教育振兴行动计划》，指出要"改革教师教育模式，将教师教育逐步纳入高等教育体系，构建以师范大学和其他高水平大学为先导，专科、本科、研究生三个层次协调发展的教师教育体系。"教师教育学历层次结构历经了由早期的二级师范向三级师范过渡到如今的旧三级向新三级师范过渡。教师学历的整体提高是教师培养目标从"合格"向"卓越"看齐的体现。其次，国家对教师的关注从数量的扩张到质量的提升。改革开放时期一切政策以恢复和发展国民经济为根本目的，1978 年教育部颁布了《关于加强和发展师范教育的意见》提出"办好师范教育以配合各项经济事业和社会事业的发展。采取强有力的措施，扩大和加快各级各类教育事业发展的规模和速度。"1985 年中共中央颁布《中共中央关于教育体制改革的决定》也强调："建立一支有足够数量、合格而稳定的师资队伍是实行义务教育、提高基础教育水平的根本大计。"这一时期教师培养的目标以数量充足，质量合格为原则。随着教师数量基本满足了基础教育的需要，教师教育的目标逐渐由数量的补充转向质量的提高，国家制定和完善了促进教师质量提升的政策，如 1986 年《关于加强和发展师范教育的意见》明确提出要积极推行教育和教学改革，不断提高师范教育培养质量。

1995 年教育部颁布了《教师资格条例》明确了教师从事教育事业需具备的资格和能力，2011 年 12 月《中小学教师专业标准》颁布，从专业理念与师德、专业知识和专业能力三个维度对教师的专业化提出要求。2014 年 9 月《教育部关于实施卓越教师培训计划的意见》将目标定位为"培养一大批师德高尚、专业基础扎实、教育教学能力和自我发展能力突出的高素质专业化中小学教师"。2018 年 8 月颁布的《教育部直属师范大学师范生公费教育实施办法》完善了公费师范生不合格的退出机制，提出将培养优秀中小学教师工作成效作为衡量部属师范大学办学水平的关键指标。一系列教师教育政策的颁布体现了国家和社会对教师的期望早已由从前的"合格"转变为如今的"卓越"。

（三）教师教育培养体系从一元封闭向多元开放的政策转变

从 1904《奏定学堂章程》创办师范教育至 20 世纪 90 年代前，我国师资培养主要的特征是贯彻实行以师范院校培养师资为主的封闭型师范教育制度。20 世纪 90 年代末，我国的教师教育培养体系开始从一元封闭向多元开放转变。1999 年 6 月，中共中央、国务院颁布《关于深化教育改革全面推进素质教育的决定》，明确提出："调整师范学校的层次和布局，鼓励综合性高等学校参与培养、培训中小学教师工作，探索在有条件的综合性高等学校中试办师范学院"。自此，开放共通的教师教育格局初显端倪。随后国家接连出台相关政策推动多元开放教师教育体系的建立，先是 2001 年 5 月颁布《国务院关于基础教育改革与发展的决定》，规定"完善以现有师范院校为主体，其他高等学校共同参与、培养培训相衔接的开放的教师教育体系。"紧接着在 2004 年 3 月国务院批转了教育部《2003—2007 年教育振兴行动计划》，明确提出"全面推动教师教育创新，构建灵活开放的教师教育体系"的总体目标。教师教育培养政策的演进和发展，打破了原有教师培养体系孤立封闭的壁垒，使我国多元开放的教师教育体系最终得以确立。

二、教师任用与就业制度的演进

20 世纪 80 年代前，高等师范院校的学生基本实行免费教育。新中国成立后相当长的一段时间，我国教师任用采取任命制，即教育行政部门和组织人事部门根据学校情况和师范毕业生规模，编制用人计划，按行政区域将师范毕业生向学校委派，教育部门对师范院校的毕业生实行优生优分政策，好的学生一般派往大中城市中好的学校，边远艰苦地区则实行行政指令性计划安排。新中国成立后由于我国劳动人口数量庞大加之文化程度较低，提高劳动人民文化水平的任务十分艰巨，同时为适应国内计划经济环境的需要，急需一大批教师推动国家建设和教育事业的发展，这一时期教师任用的特点主要是国家按计划经济的手段安排师范生就业。1993 年随着社会主义市场经济体制的建立和劳动制度的改革，中共中央、国务院颁布了《中国教育改革和发展纲要》，规定非义务教育阶段教育按培养成本收取一定比例的费用，成为高校就业制度改革从市场经济体制跨入自主择业阶段的重要标志。此后，一些省市开始向师范生收取部分费用，师范生收费制度开始从部分收费向全额收费调整，与之相对应，师范生毕业后的择业不受限制，可自主选择。2007—2017年师范生免费教育在六所部属师范院校试点，国家对师范生采取履约任教，先双选后安置的就业政策，同时规定师范生毕业后须从事中小学教育十年以上并到农村义务教育学校服务两年。免费师范生可先在生源地所属省进行双向选择，若双选不成功，省教育厅再通过特岗计划、农村教师发展计划等安排就业。自2007年师范生免费教育政策回归以来，免费师范生就业义务捆绑的规定屡遭诟病，一些学者认为回生源地义务从教十年的期限对于正处于人生转型阶段的师范生而言时间过长，就业自由度受限并且用四年的免费教育换取十年以上履约从教的义务分配是否平衡合理？针对上述问题2018年颁布的《教育部直属师范大学师范生公费教育实施办法》（以下简称办法）对师范生就业政策做出了更合理的改进，如在履约年限上将师范生毕业后到中小学任教十年以上，必须在农村任教两年的义务期限调整为到中小学任教六年，农村任教一年。办法同时规定："建立公费师范生专项招聘政策，通过双向选择等方式切实为每位毕业的公费师范生落实任教岗位。因特殊原因不能回生源所在省份任教的应届毕业可申请跨省就业，经所在学校、生源所在省份和接收省份省级教育行政部门审核同意后，按有关规定程序办理跨省就业手续。"对师范生就业做出了更灵活的制度安排。

根据以上分析可以看出，教师任用和就业制度的演进与我国教育面临的现状紧密联系。新中国成立后一段时间，百废待兴，教师任命制在一定程度上有利于师资队伍的稳定供给，保证了全国基础教育的适度平衡发展。后来由于招生制度改革，一方面高校扩招使高等教育的成本不断扩大，另一方面高校毕业生的数量与日俱增，免费师范生教育过渡为收费，教师任用制度也逐步实行双向选择，自主择业，使毕业生就业走向市场化。21世纪基于实现国家"教育优先发展"战略的重大实践以及对免费师范生政策的实施现状分析，国家改进和完善了师范生的就业机制，合理调整了服务期限，放宽了就业限制。

三、教师研修政策的演进

教师研修包括入职培训和在职进修，它与职前培养相契合构成了教师教育一体化的三个不同阶段，是教师专业发展不可或缺的部分。建设一支高素质专业化创新型教师队伍，除了提高教师职前培养水平，优化办学模式外，还应大力改革和完善教师研修政策。近年来，在教师专业化和终身教育理念的影响下，国家对教师从学校走向工作岗位的胜任力与适应性以及教师任职后的专业发展日益重视。

20世纪80年代以前，国家需要大量的教师服务中小学基础教育，但当时的现状是教师队伍学历层次普遍偏低。1980年，全国中小学教师845万人，其中，初中教师中达到大专毕业学历的人数约占10%，小学教师中达到高中、中师毕业程度的人数约占47%。鉴于此，针对教师培训工作，教育部先后下达《关于举办小学教师轮训班的指示》《关于加强中等学校在职教师业余进修的指示》等一系列文件，将教师研修的重心放在教师学历补偿上。20世纪90年代至21世纪初，伴随着我国基础教育的改革与发展，教师研修政策开始走向制度化的轨道，在这一阶段，教师岗前培训问题开始受到关注，国家开始有意识地将中小学教师在职培训的重点逐步转移到继续教育上来，中小学教师继续教育制度不断强化与完善。1994 年《关于开展小学新教师试用期培训的意见》明确了培训对象为新分配到小学任教的中等师范学校、其他中等学校以上层次学校的毕业生，同时，对小学新教师在试用期阶段的培训目标、要求、时间及考核方式等内容，都做了详细而具体的规定。90 年代中后期国家陆续制定出台了《关于开展小学教师继续教育的意见》和《中小学教师继续教育规定》，明确了中小学教师继续教育的含义、任务及培训的内容，形成了中小学教师培训的制度性框架。21 世纪，受教师专业化思潮的冲击，教师改革与研修工作围绕提升教师专业化方向展开，2010 年 7 月，国家颁布《国家中长期教育改革和发展纲要（2010—2020）》，这是我国进入 21 世纪之后的第一个教育规划，是今后一个时期指导全国教育改革和发展的纲领性文件。其中要求"提高教师业务水平，完善培养培训体系，优化教师队伍结构，提高教师专业水平和教学能力。"为提高中小学教师尤其是农村教师的专业成长，2010 年，全国启动了中小学教师"国培计划"，进一步拓宽了教师专业发展的路径。

我国的教师教育研修政策的演进大致可以分为学历补偿型培训、制度化教师培训和专业化教师培训三个发展阶段。教师研修的第一个阶段重视外部条件的达成，第二个阶段发展重视教师研修的规范化，第三个阶段由外部条件的满足发展为内部能力的提升，走向了教师研修的内涵式发展。

四、教师教育政策研究的建议

（一）加强对教师教育政策文本的研究

教师教育政策发展是一个对自身不断扬弃的过程，它总是根据一定社会环境和教师队伍的状况不断变革和调整政策方案，因此，对政策文本研究是了解教师教育发展方向的手段。当前我国对教师教育政策的研究还主要集中在政策发展史、政策价值分析、政策认知等方面，对政策文本分析的研究较少。加强政策文本的研究一方面可以丰富教师教育研究的科研视角，另一方面也可以增进研究者对教育政策实施过程、政策环境和影响政策实施因素的关注与认识。

（二）关注教师教育政策评估研究

教师教育政策评估是评估主体依据评估标准对教师教育政策目标实现程度进行价值判断的过程。2018 年是教师队伍建设备受关注的一年，教育部于 2018 年 8 月 10 日颁布的《教育部直属师范大学师范生公费教育实施办法》使师范生的教育政策再度更新，此办法提出"将地方制度探索师范生公费教育正式纳入国家制度体系并逐步健全"，对 2018 年师范生公费政策实施的跟踪问效及地方院校实施公费师范生教育路径的成果及问题进行评估是以后教师教育政策研究的重点和关键。

第三节　教师教育政策顶层设计

教师教育政策是政府对教师教育的规划与设计，政府主要通过制定和颁布教师教育政策推动和促进教师专业发展，政府政策主导是政府的应然责任。我国教师专业发展进程得益于政府推动的同时，也存在着教师教育政策顶层设计与实施过程不足的问题。政府应充分考虑我国教师教育传统和目前教师教育改革发展的实际需要，在教师专业发展的政府责任与教师专业自主之间保持一种张力，进行相关制度创新。

教师教育的发展及教师专业化水平的提高受制于教师教育政策的制定与实施状况。教师教育政策是推动教师专业发展进程的有力制度保障。《国家中长期教育改革和发展规划纲要（2010—2020 年）》在"保障措施"部分就"加强教师队伍建设"特别提出，要"严格教师资质，提升教师素质，努力造就一支师德高尚、业务精湛、结构合理、充满活力的高素质专业化教师队伍"。造就高素质专业化教师队伍，需要明确的是，影响教师专业发展的关键因素有哪些？政府应该为教师专业发展提供何种政策支持和制度保障？这是涉及教师专业发展能否顺利实施的核心问题。

一、影响教师专业发展的关键因素

教师专业发展是教师"个人成为教学专业的成员并且在教学中越来越成熟的转变过程"。从内涵上看，教师专业发展是指教师个体的专业知识、专业情义、专业自主、专业价值观、专业发展意识等方面由低到高，逐渐符合教师专业人员标准的过程，是教师个体专业不断发展的历程。正是在教师专业发展的过程中，教师发展的意义得到确认，教师作为重要的专业和职业受到社会的重视。

教师的专业发展受到来自个人、社会、学校以及文化传统等多种因素的共同影响。其中有两个关键性因素直接影响高素质专业化教师的养成。一是教师的社会经济地位，这一因素制约着教师职业的整体吸引力；二是教师教育的水平和质量，这一因素直接决定着那些将要或者已经进入教师职业的从业人员的专业发展水平，教师教育分别从教师的职前教育、入职教育和职后教育三个不同的阶段制约着教师专业发展的水平和质量。在影响教师专业发展的两个关键性因素中，与教师的社会经济地位相比，教师教育水平的改善和提高更多的是教育系统内部的问题，它直接受教师教育政策的影响，更需要我们进行全方位的思考。

二、应然与实然：教师教育政策顶层设计思考

"教师是教育变革和社会进步的动力"，教师专业发展是教师教育的发展趋势与潮流。各国政府主要通过制定和颁布相应的政策来推动教师专业发展的进程，并承担主导责任。

（一）政府政策主导是政府的应然责任

《中华人民共和国教师法》（以下简称教师法）第十八条规定："各级人民政府和有关部门应当办好师范教育，并采取措施，鼓励优秀青年进入各级师范学校学习。各级教师进修学校承担培训中小学教师的任务。"教师教育应当是国家的事业和政府的责任。

从理论意义上，首先，现代教育在很大程度上是一种由国家举办、管理和监督的公共事业，教师根据法律规定的培养目标和教育标准实施教育活动，执行的是国家的教育公务，教师职业具有公务性质。从教师教育的性质来看，教师教育是国家的事业，它是为了帮助政府提高全民族的整体素质，培养教育工作者的基础性工作，是一项公共性很强的事业。教师专业能力和资格的养成是通过公共教育来实现的。教师教育就是公共教育，是由国家直接控制和干预的，政府理应是第一责任人。相对于其他行业，师范院校筹措经费能力有限，但因其承担基础性的社会责任，国家应出台扶持师范院校发展的积极政策，加大政府对教师教育体系的政策引导。其次，从教师专业发展的支持系统来看，教师不仅需要通过自身努力，促进和提高自己的专业能力，实现专业发展。更为重要的是，良好的外部支持系统是促进教师专业成长不可缺少的条件保障。良好的外部条件包括教育行政部门的支持、教师教育机构和培训机构的支持、大中小学校际之间的合作等，这些因素构成了教师专业发展的支持系统。其中，政府政策层面的推动力量是最为关键的保障。

新中国成立后，特别是近30年来教师教育的实践经验表明，"师范教育可以兴邦"。20世纪90年代以来，伴随着我国教师培养与培训体制逐渐由定向封闭向非定向开放转变，为了提高教师培养与培训质量，我国借鉴了欧美教师专业化实践的一些做法，如建立教师资格证书制度，制定教师专业标准，对教师教育机构开展评估等，推进了我国教师专业发展的改革进程。我国有关法律法规也为推进教师专业发展提供了基本的制度保证，体现在不同时期的教育政策法规文本中，如教师法规定："教师是履行教育教学职责的专业人员。"在法律上首次确认了教师的专业身份。国务院在1995年颁布了《教师资格条例》，教育部在2000年颁发了《〈教师资格条例〉实施办法》，正式启动教师资格制度，2001年4月起，国家教师资格认定工作全面操作实施。针对教师培养和培训制度，《国家中长期教育改革和发展规划纲要（2010—2020年）》也专门做了相应规定。可见，有关我国教师教育的变革发展都是在国家政策直接指导和支持下进行的，教师专业发展问题从一开始就成为政府政策层面关注的问题，教师专业发展进程得益于政府的推动，如改变传统的管理办法，从政府规范教师教育的行为，转变为政府制定教师标准，发放教师资格证书，由重点师范院校和少数有资质的综合性大学进行资格培训，等等。从提升我国教师整体教育质量的角度看，现行的许多政策措施无疑是有效的，并将在今后持续发挥积极作用。

我国教师专业发展进程在得益于政府政策推动的同时，尚存教师教育政策顶层设计与政策实施不足的问题，这些现象在一定程度上影响了教师专业发展进程的推进效果。

（二）对教师专业发展的阶段性诉求重视不够

教师教育政策顶层设计与实施的偏差现象，容易使教师专业发展流于形式。其重要表现之一是，在目前教师专业化研究话语中，人们往往把教师看作一个无差异的同质职业群体，而作为不同阶段的、具有不同专业发展诉求的教师个体在人们的视野中容易被消解。一般说来，教师的专业发展阶段包括职前教育阶段、入职适应阶段与在职任教阶段。一个不能忽视的事实是，"几乎所有教师都经历过进入教学工作的过渡时期，这是他们的教学生活的职业生涯最困难的一个阶段。……几乎所有教师都报告说他们'按照自己的方式'走过了这个过渡时期。他们没有得到或很少得到帮助，而只能通过自己的创新找到帮助。这种帮助通常采取到外面寻找其他一些他们能够信赖的教师的方式"。综合 20 世纪 70 年代以来的研究成果，有学者认为："教师在不同的生涯发展阶段中，将会具有不同程度的知识、能力和教学技术，并有不同的需求、感受和态度；表现为不同的行为和特质。这些转变会依循一定的模式和形态，呈现可预测的发展阶段。"一般来说，一项专业发展计划的制订和实施应包括不同阶段，对教师专业发展而言，要特别凸显的是对教师有重要影响但又经常被忽视的那些阶段，每一阶段应有不同的工作目标和重点，教师在实现上述不同的目标时，应获得相应的支持和帮助，需要有不同的专业发展策略。反观我国目前的教师教育政策，对教师专业发展不同阶段的诉求做出的回应不够及时和到位，教师专业发展策略与方式有待于进一步跟进与细化。

教师专业自主空间受到限制。20 世纪 80 年代教师专业的发展出现了一个转折，人们由重视教师职业的专业地位和权利，逐渐转向并聚焦教师的专业发展。经济合作与发展组织从 1989 年到 1992 年相继发表了系列有关教师专业化改革的报告，推动以教师专业化为核心的教师教育改革。但同时，西方学者也质疑现存的以管理体制和市场机制为特征的教师专业化，有学者指出，由政府通过立法方式建立自上而下、等级森严的教育管理制度，会使教师的主导作用和服务意识向负面方向发展，教师的自主性受到制约。形成这种局面的原因是政府或高层教育管理者从自身的角度出发，为了应对世界全球化的挑战，需要在质量保证及认可制度的框架下建立一套行之有效的绩效评价。这种狭隘的以绩效为导向的标准，没有把教师当作专业人员来看待，只是使教师被动接受或执行决策者的决定。我国目前的传统教师培训模式主要通过让教师以部分时间或暂时抽离的方式接受培训，协助教师应对学校以及整体教育环境不断转变的需求。这种培训基于资源运用和运作成本等方面的考虑，尽管能在较短的时间内集中传递某一方面的讯息，侧重于传授知识理念及标准化的教学范式，但也存在着种种失效现象，比如，碍于课时限制，培训仍以讲授式为主，学习内容的选取和编排主要由培训专家主导；学习形式大多脱离了教师教学及日常工作的实际情境，未必能切实回应教师的实际需要和学习兴趣；一次性或短期式的培训很少提供跟进式或持续性支援，未能对教师的长久专业发展提供支持，等等。为此，学者们呼吁，应给予教师更高的自治和信任，提供更多有意义的学习机会；教师应拥有属于教师群体的专业组织，拓展自身的专业发展空间。教师专业发展是依靠政府继续推动，还是通过建立健全教师专业发展制度，发挥教师群体的自主力量来推动；是侧重一枝独秀还是百花齐放，是当前我国教师教育政策面临的现实问题。

（三）教师专业标准有待优化

对于教师专业标准问题，有学者指出："要想了解一种职业'是否'符合专业标准，不如探讨这种职业在专业化（professionalization）过程中，达到'何种程度'。" 1999 年6 月《中共中央国务院关于深化教育改革全面推进素质教育的决定》中规定高素质教师队伍应具有六项标准。这些专业标准尚需进一步优化：一是专业标准有待细化，专业标准需要具体化，便于操作；二是专业标准有待矮化，专业标准要顾及中小学教师的工作特点和自身发展条件，在对教师提出新的角色或任务的同时，必须跟进对应的培训，并提供必要的工作条件。正如美国"有些州对教师规定了更高的标准，并且进行了许多评估，但却限制了教师专业发展的时间；而另一些州正在对中学的要求实行大规模的改革，但并没有为教师的专业发展提供补充性支持"。根据社会学者的看法，关于教师专业标准的各种界说，在一定程度上仅仅属于角色期待的范畴，而在现实生活中，被期望的角色行为与实际的角色行为之间存在差异的原因之一，就是角色期待的"不清晰"。由此可以认定，促进教师专业发展的一个基础性工作，就是使教师专业标准更加清晰和适切。教师的专业发展不应该简单被视为完成职业角色的转变，角色总是被赋予社会期待的规范要求，而这些外在的要求未必能获得教师本身的认同。认同专业身份是决定一个人履行好专业职责最基本的因素。专业化的一个潜在的危险是把技术问题推到了最显著的位置，明智的教育政策必须避免政府部门单纯依靠权力强迫教师接受各种专业标准要求。当前流行的"专家型教师""研究型教师""智慧型教师"等教师专业角色的提出，应该先得到教师对其自身专业身份的认同，而不是简单地要求其符合一套既定的理想化的专业标准。

三、平衡与调适：促进教师专业发展的政策思路

我国教师专业化研究主要集中在如何在政府层面定义教师的专业化，着重于确定构建体制框架，建立系统的运行机制，强调自上而下政府层面的规范运作模式：如"由政府建立一套能清楚界定教师专业化标准的外部控制体制""建立一套教师认证、内容标准和教师职业化步骤的指导性框架对于教师专业化成功的发展是至关重要的""我国未来教师教育发展需要建立教师质量建设中各个环节的标准，最终以教师教育标准建立完整的教师教育保障体系"，等等。其理由大致在于，中国目前的教师教育发展状况不同于西方国家，西方国家的教师专业化研究已经度过了建章立制的初期阶段，其对于既定的教师专业化标准持批判和反思的态度；而有关中国教师专业发展的制度推动，首先应着眼于规范和优化教师教育标准。事实上，关于教师专业发展，政府要充分考虑我国教师教育传统和目前教师教育发展的实际需要，应当有所为有所不为，在平衡教师专业发展的政府责任与教师专

业自主权（教育教学权、学术研究权、指导评价权、进修培训权）之间保持适当的张力，进行相关制度创新。

（一）优化政府监管职能

当前，政府是唯一的教师教育供给者的现状需要改变，政府应由教师教育唯一的提供者，转变为教师教育的管理者、质量评价者和监督者，强化政府的责任意识和服务意识。换言之，教育主管部门主要负责制定教师教育的政策，对教师教育活动实施全程监管，保障各类教师教育机构之间的公平竞争，对教师教育中的弱势群体如农村教师的教育培训给予保障；为教师教育机构提供质量评价标准和有效服务，如标准服务（教师资格标准、教育和培训机构的标准等）、信息服务等。在教师教育政策上，政府要加大对教师专业发展的支持力度和政策引导，如进一步细化对教师培训和教师发展的要求；在经费支持上，政府要承担相应的责任，努力形成以政府拨款为主、学校和教师个人适当负担的多渠道筹措教师继续教育经费的运行机制；在机构设置与课程体系的建设上，加速教师教育一体化的进程，重点做好区县及农村教师学习培训资源建设，缓解经费不足、针对性不强、积极性不高、工学矛盾突出等问题，提高培训的覆盖面和有效性。

（二）完善制度激励方式

提升教师教育水平，需要探索符合教育传统和教师职业特点的制度激励方式。一般认为，一旦将教师的晋升和在职培训工作通过制度规定加以规范，教师将会有更大的动力和积极性来接受教育。实际上，大多数国家都有类似的规定，如澳大利亚的两个州，日本、卢森堡、芬兰、瑞典等国家都规定教师必须每学年有 15 天不等的继续教育时间。在荷兰，教师继续教育的时间占工作时间的 10%。但是，单纯依靠直接行政管制的效果并不理想，教师只是为了完成培训任务而接受继续教育，起不到借助教师专业发展去推动和支持教育改革的目的。其实，激励的方式可以是多样的，制度的设计不完全依赖晋升、表扬、激励等外部激励，如 OECD 通过研究提出了制度设计的方向并指出，教师继续教育激励制度的设计应该朝着激励教师内在需求的方向努力。全面研究教师培训需求，平衡培训过程中教育系统的政策目标与个人需求之间的平衡，唤起教师的主观能动性，如学习本身的兴趣、充实感等，都可以成为与外部激励制度相匹配的内部激励制度。

（三）反映教改现实需要

师范院校主要担负着教师培养与培训工作，其改革政策应及时反映当前我国中小学基础教育课程与教学改革的实际，在信息化背景下切实与一线教师自主专业发展的现实需要结合起来，进行有针对性的政策调整。如提高师范生利用教育技术资源的素养和技能，加强对师范生的创新意识和教育科研意识的培养，增加综合课程教师的培养数量，提高其教育教学的实践能力，等等。致力于高等教育研究的英国罗宾斯委员会也曾对教师职后培训的模式深感不满，认为教师教育课程过于学术化，对与实践密切相关的技能、理论的实施等重视不够。在教师培训计划中，缺少学校一线教师的参与是人们普遍关注的问题。有学者指出，大学与中小学伙伴协作模式有利于打破学校及教师固有的平衡状态，能在平等、民主为价值诉求的协作环境中，化解教师面对改革创新的保守态度及可能出现的负面情绪，使教师在"高挑战、高支持"的理想情境中获得积极的心理和情绪体验，进而提升其专业知识、能力。建议采取的专业发展方式可具体化为工作坊和报告会、研究课、校际交流等形式。因此，要结合当前我国新课改的实际情况，充分发挥中小学校与大学的协同作用，在推动教师专业发展进程中，展现教师教学行为、审视教师角色观念、支持教师专业成长，从而及时反映、真实反映教改需要。

（四）成立教师专业组织

政府政策的外部标准只有处于培养、培训过程中的教师能理解与建构，要将外部划一的专业标准内化为教师自身的一种基本要求，并在学习实践中得到认可，形成教师自己独特的专业需求。教师教育改革需要教师内发性地承担起新的角色和责任，否则改革效果难以理想。而向这一理想状态转化面临着专业的、心理的、技术策略的一系列难题，教师作为专业人员，需要建立自己的专业支持系统以应对上述系列难题，这是教师专业发展过程中需要重视的现实问题。为此，可以适时成立全国教师认可委员会和全国教师专业教学标准委员会等组织机构，通过这类政府的或非政府的专业组织指导和改善我国教师教育专业发展的培训模式，重点强调教师在专业发展过程中的自主反思、亲身参与、与其他学习者的互动性及持续发展等因素，为教师提供各种专业支持，让教师利用多元化形式，在参与中专业反思，引导教师专业成长。

总之，政府应当提供教师专业发展的政策支持，师范院校应当为教师的专业发展提供必要的智力支持，中小学校应当为教师的专业发展提供条件保障。由于不同时期对教师专业发展的要求不同，政府在实现教师专业发展、满足教育发展的要求的同时，要充分考虑教师自己的专业发展需要，考虑教师作为主体的价值，使教师真正拥有持续专业发展的自主权利和空间。

第四节　教师管理政策与教师教育政策一体化

教师教育是中国高等教育的重要组成部分，既承担着教师队伍培养和培训的重要任务，又是基础教育师资来源和质量的重要保证，在教师队伍建设中发挥重要作用。然而，教师队伍建设并不全由教师教育决定，教师队伍的管理政策也对教师队伍建设有重要影响，进而影响教师教育的发展趋势。

一、中国教师教育政策与教师管理政策的历史发展

中国师范教育产生于清朝末年，此后逐渐形成了独特的师范教育体系。新中国成立后，基于师范教育在社会发展中的重要地位，政府建立了独立设置的高等师范院校并实施了一系列规范化、科学化的具体措施，如健全教师进修机制，落实知识分子政策、调整各类课程的比重等，以培养合格的中小学师资。

1980 年 9 月 29 日，教育部印发《关于师范教育的几个问题的请示报告》，旨在解决当时中小学师资队伍素质低下问题，让不能胜任教学或教学上有困难的教师能够胜任或基本胜任教学。1986 年的《关于加强在职中小学教师培训工作的意见》中也指出师训工作的质量标准是"使现有不具备合格学历或不胜任教学的教师，绝大多数能够胜任教学工作，并取得考核合格证书或合格学历"。1986 年的《义务教育法》在第 13 条规定："国家建立教师资格考核制度，对合格教师颁发资格证书。"

20 世纪 90 年代，随着"非师范院校参与中小学教师培养培训工作"成为"社会经济、文化、教育发展的必然要求"，1993 年中共中央国务院在《教育体制改革和发展纲要》中提出"积极推进以人事制度和分配制度改革为重点的学校内部管理体制改革。在合理定编的基础上，对教职工实行岗位责任制和聘任制……中小学逐步实行教师资格制度和职务等级制度……到 20 世纪末，通过师资补充和在职培训，绝大多数中小学教师要达到国家规定的合格学历标准……"。1996 年国家教委颁布了《关于师范教育改革和发展的若干意见》，指出要"健全和完善以独立设置的各级各类师范院校为主体，非师范类院校共同参与，培养与培训相沟通的师范教育体系"，"国家对师范专业毕业生颁发相应的教师资格证书，并通过实施教师资格制度，吸收非师范专业学生和社会优秀人才从教"。为了进一步拓宽教师来源渠道，引入竞争机制，促进教师合理流动，中共中央、国务院《关于深化教育改革全面推进素质教育的决定》中指出，要"全面实施教师资格制度，开展面向社会认定教师资格工作，拓宽教师来源渠道，引入竞争机制，完善教师职务聘任制，提高教育质量和办学效益"。随后颁布的《面向 21 世纪教育振兴行动计划》也再次明确："实行教师聘任制和全员聘用制，加强考核，竞争上岗，优化教师队伍……同时，要拓宽教师来源渠道，向社会招聘具有教师资格的非师范类高等学校优秀毕业生到中小学任教，改善教师队伍结构。"2001 年《关于基础教育改革与发展的决定》也提出："加强中小学教师编制管理……大力推进中小学人事制度改革。全面实施教师资格制度，严把教师进口关……推行教师聘任制，建立'能进能出、能上能下'的教师任用新机制。根据中小学教师的职业特点，实现教师职务聘任和岗位聘任的统一。建立激励机制，健全和完善考核制度，辞退不能履行职责的教师……实施教师资格准入制度，严格教师资格条件。"2004 年颁发的《2003—2007 年教育振兴行动计划》再次强调了这些政策。

2007 年《国家教育事业发展"十一五"规划纲要》在"完善现代教师管理制度"中强调："严格教师资格准入制度和中小学新任教师公开招聘制度，把好教师入口关。转换用人机

制，实行教职工全员聘用制，进一步改革完善教师职务聘任制度。制定和完善吸引优秀人才从教的政策措施，建立吸引优秀人才到农村任教的机制。加强中小学编制管理，合理配置教师资源……完善教师岗位分类管理、公开招聘、业绩评价和薪酬分配办法。健全教师考核评价机制，严格管理，不断优化教师队伍。"

可以看出，随着社会的发展和教育的变革，尤其是知识经济时代对高素质教师队伍的需要，中国教师教育政策的目标已从早期主要解决教师量不足的问题向提高教师队伍质量转变，并逐渐形成了与教育教师政策相配套的教师管理政策和制度，以期打造一支优秀的基础教育教师队伍。陈至立同志曾把教师管理制度概括为以优化结构和提高质量为导向的教师资源配置机制、以公开招聘和竞争择优为导向的教师遴选机制、以业绩共享和能力水平为导向的教师评价机制、以爱岗敬业和创新创造为导向的教师激励机制等四个机制，这四个机制在实践中分别对应着教师资格制度、教师聘任制度、教师评价制度和教师绩效工资四项管理政策。从这四个机制对教师教育的影响来看，教师管理政策与教师教育政策的设计应该有一体化的考量。

二、中国教师管理政策对教师教育政策的影响

教师资格制度在加速教师教育的同时，也影响着教师培养的质量。教师资格制度是国家以法律规定强制实施的职业许可制度，规定了教师从业者入职的基本标准，决定着教师教育的内容、过程、方式、模式、考核等，对教师教育具有导向和制约作用。中国最早提出教师资格证书主要是为了解决基础教育队伍数量不够、学历不达标等问题。依据教师资格制度的提出背景，教师资格制度的提出有以下几方面的考虑：（1）教师资格制度作为强化教师队伍质量的措施，最终目的是提升教师队伍的质量；（2）允许其他高等院校参加教师培养过程，也是从补充教师的数量和质量方面考虑的，并非为了推动教师教育转型而提出；（3）国家希望通过资格制度、职务等级制度等相关制度推动教师队伍人事制度改革和分配改革。正是在此基础上，1993年的《教师法》以国家法律的形式明确规定国家实行教师资格制度，明确了其他高等院校培养教师的法理基础；2000年9月颁布的《〈教师资格条例〉实施办法》全面启动了教师资格证书制度的实施。教师资格制度的实施，给教师教育的倡导者提供了必要的理论依据，因为教师教育成立的理由之一是教师专业化。从这一意义上讲，教师资格制度的实施首先为教师教育的提出奠定了理论基础和制度保障，加速了教师教育的形成。

然而，教师资格制度的实施并不意味着解决了教师队伍质量的所有问题。随着媒体对教育的不断关注，教育中大量的不良现象被披露了出来。体罚学生、乱收费、兼职、办辅导班、猥亵学生……越来越多的报道在揭露丑恶的同时，也引发了人们更多的追问：怎么这样的人也会成为教师？教师资格制度是不是发挥了作用？巨大的舆论压力迫使教育行政部门在不得不做出临时应对措施的同时，开始反思并改善对教师资格制度的设计。于是，在2010年的《国家中长期教育改革和发展规划纲要（2010—2020年）》中明确提出，要"完

善并严格实施教师准入制度，严把教师入口关。国家制定教师资格标准，提高教师任职学历标准和品行要求。建立教师资格证书定期登记制度"。随后，中小学教师资格考试改革和定期注册试点于 2011 年在浙江、湖北两省率先启动，于 2012、2013 年不断增加试点省份。这一改革使教师资格考核从内容、过程、对象以及未来管理方面进一步标准化、细致化，对教师资格的专业化具有重要作用。

显然，从教师资格制度的提出和发展来看，教师教育的发展虽然具有其自身的规律，但教师资格证书制度是教师培养的先决条件，对于教师培养机构来说，通过教师资格考试是其关心的首要问题，大学在设置课程、设计实践环节方面都必须以教师资格证书制度为依据。仍以 2011 年启动的教师资格试点为例，虽然新规定使教师资格考试更加专业、具体，但也可能导致以下几个方面的问题：（1）将来教师培养过程会进一步强调技能化、实践化，忽视了教师内在素养，如教育教学理念、职业精神等的培养；（2）教育学、心理学课程教学会趋于应试化，因为教师资格考试中这两门课程是教师教育的核心课程，也是考试的主要内容；（3）师范类学生不直接认定资格，相当于给了学生一个选择的机会，既有可能使学生选择不从教，也可能使学生被排除在从教之外，必然会对教师队伍的补充造成一定影响。

教师聘任制度影响着教师教育对象的选择与入职。改革开放后，人事制度改革在教育领域的主要体现就是推行教师聘任制度，其特点是把经济体制改革中的某些竞争机制引入到学校内部管理中，实现对局部利益关系的调整，激发学校内部办学活力。1985 年《中共中央关于教育体制改革的决定》中提出要"调整教育结构，相应地改革劳动人事制度"。1986 年 5 月，中央职称改革工作领导小组下放《关于转发国家教育委员会中、小学教师职务试行条例等文件的通知》，原则上同意国家教育委员会《中学教师职务试行条例》《小学教师职务试行条例》《关于中小学教师职务试行条例的实施意见》等文件，并明确指出："在中小学实行教师职务聘任或任命制度，是中小学教师队伍建设的一项重大措施。"对于实行聘任制的目的，曾有学者指出："从目前中小学教师队伍的现状来看……也有一些人不合格；还有不少学校存在人员冗余，吃'大锅饭'，干好干坏一个样的问题。为此，一些地方在实行定编、定员、定职责、定工作量的岗位责任制基础上，有计划地在一些学校进行教师聘任制的试点。"可见，在教师队伍管理中增加活力的要求随着市场经济竞争观念逐渐被认可，并已经在教师管理思想上得到体现。其后，《中国教育改革和发展纲要》《教师法》《教育法》《面向 21 世纪教育振兴行动计划》《中共中央国务院关于深化教育改革全面推进素质教育的决定》以及《国务院关于基础教育改革与发展的决定》等一系列法律、法规和政府文件中都把实施教师聘任制作为一项主要的改革目标明确提出。

教师聘任制在建立学校内竞争机制、激活教师队伍活力方面的优势是明显的，但由于长期以来计划经济造成的社会保障体系欠缺、人事改革制度不配套等原因，中国教师队伍还不具备全面实施人才流通的基本条件。聘任制单方突进的结果是：一方面，造成了全国广泛的中小学教师流失现象，大批优秀教师下海或跳槽，造成了较短时间内教师短缺无法弥补，只好通过民办教师和代理教师来补充，甚至出现从初中调任教师补充高中，从小学调任教师补充初中的现象；另一方面，师范院校毕业生出于各种考量宁愿在城市辛苦创业也不愿到最需要教师的农村基层学校从教，造成了基层有些学校十几年补充不到高水平大学培养的毕业生的局面。

为了解决这一问题，国家于2007年在六所教育部直属师范大学开展了免费师范生培养，"期望通过国家干预，以免费政策为切入点，从源头上解决欠发达地区基础教育教师资源，特别是优秀教师资源短缺的问题，以促进教育公平，推进社会和谐"。事实证明，免费师范生教育政策的实施，的确吸引了一批愿意和立志从事教育事业、为农村教育发展做出贡献的年轻人，但也应看到，这些学生之所以选择教师职业，经济和就业原因所占比例仍是最大的因素。经济上免学费并每月享受补贴可以使许多学生免去家庭负担之忧；就业上免费师范生入学之初的合同虽然付出了自由的代价，但是解决了就业的后顾之忧。2009年中小学实行绩效工资之后，教师待遇的普遍提高也是近年来教师招考越来越热的主要原因。

所以，在教师教育政策和教师管理政策分离的情况下，教师教育无从主动选择学生，而学生是否会主动选择进入教师教育战线主要基于对将来的各种预期，这些预期是否能够满足学生的需要直接决定着学生是否会选择进入教师教育，从而决定了教师教育的生源及质量。在接受教师教育之后，教师资格制度和教师聘任制度在学生毕业与就业之间设置的门槛起到了选拔作用，同时也为学生留出了选择从事其他行业的空间。当政策设计符合学生的心理预期时，资格制度的"蓄水池"作用和聘任制度的"筛选"作用就能得到较好发挥，为教师队伍补充足够、优质的教师；但当政策设计不符合学生心理预期时，这两种制度则会加剧教师队伍短缺困境，甚至严重影响基础教育的发展。

教师考核评价机制使教师教育内容与过程更加细致化、技术化。倡导用"教师教育"替代原来的"师范教育"，目的在于将教师的职前培养、入职教育和职后培训连成一体，体现教师教育连续性、一体化与可持续发展的特征，改变原来师范教育封闭的培养体系、课程教学的理论导向和只注重职前培养而忽视职后培训等问题，从而使教师培养更加符合现代教育发展对教师质量的要求，从教师培养这一根本上解决教育发展的质量问题。

但是，究竟什么样的教师才是合格的或者优秀的教师呢？这一根本性的问题决定着教育行政部门在招聘和管理教师时对单个教师的素质和整体教师队伍的价值判断。有学者提出，应该建立一套从招生、培养、入职到职后专业发展整个过程的完整的教师教育质量保障体系；也有学者尝试构建卓越教师评价指标体系。从目前的指标体系设计上看，各种教师评价体系还存在以下问题：（1）基本上属于"指标—量化"模式，强调指标体系的行为化和可测性，注重数量化的测定和结果，强调评价的客观性和精确性，看似科学，但却忽视了指标本身的有效性和科学性，往往难以达到评价指向性的目标；（2）虽然在理论上借鉴了西方中小学教师评价体系，提出了诸如模糊性评价、发展性评价等教师评价方式，但这些评价方法在具体运用方面缺乏理论的支持和实证的分析，未能在评价中发挥真正的作用。最终，基于行为主义的评价方式仍然是当前中小学教师评价的基本方式。

考虑到学生就业已经成为当前师范院校要考虑的重要问题，为了增强学生的就业优势，承担教师教育任务的高校一般都会按照教育行政部门的聘任选拔要求和教师评价的方式和指标来改革自己的教育教学过程和内容。这种改革的就业导向性十分明确，以至于教师教育中往往出现以下问题：（1）专业学习的技能化。例如，近年来学前教育发展十分迅速，许多师范院校为了解决学生就业问题，不断增加技能类课程如舞蹈、绘画、唱歌、跳舞、三笔字等课程的课时，希望学生在就业中能够有优势，结果严重削弱了课程的学术性，将大学直接简化成了职业学校。（2）教育教学的简单化。为了能够加强学生的技能水平，学校不断要求教师讲课程技术，往往将教学法简化为备课、说课、多媒体制作等技术，将美术教学简化为简笔画教学等等。这种技术化的教学不但未能达到"培养更加符合现代教育发展对教师质量要求的教师"的核心目的，反而极大地降低了教师职业的专业性和地位。这也是学前教育近年来虽然发展迅速，但教师质量一直不能大幅度提升的原因之一。

教师激励机制制约着教师教育政策效果的显现。教师教育培养出的教师，需要进入教育领域并承担起教育教学职责，才能体现教师教育的质量和作用。但是教师能否进入教育领域，并不能由当前的教师教育体系决定；同时，即使进入了教育教学领域，根据管理学的权变理论中人的行为受到其行为时环境影响的观点，教师愿不愿和能不能做出我们希望的行为，仍存在较大未知。那么，进不进入教育教学领域除了资格考试、能否聘任成功的影响因素之外，另一个决定因素要看成为教师是否具有吸引力。而在成为教师之后，能否真正成为好的教师，除了环境因素之外，还要看成为一个好教师能否让自己实现自己的价值需要。在当前情况下，当不当教师和能否实现自己的价值需要，主要的表现形式就是教师待遇。

新中国成立以后，中国基础教育教师待遇一直受到关注和诟病，1985年《人民教育》刊文指出："我国中小学教师的工资在国民经济十大部门中是最低的。占教师总数40%多的民办教师更低。如果加上奖金，教师与别的部门职工的差距就更大。"其后，国家多次调整教师工资水平，但是中小学教师的地位、待遇、福利等问题一直没有得到很好解决，导致义务教育教师队伍，尤其是农村义务教育教师队伍始终存在着师资紧缺、流失严重、整体素质偏低等问题。在这种情况下，2005年12月，国务院通过农村义务教育经费保障"新机制"将农村义务教育经费全面纳入了公共财政保障的范围，通过财政转移支付保障农村中小学教师的工资及时足额发放，2009年实施的绩效工资制又使农村教师的工资收入也有了较大幅度增长，从而较好地解决了教师待遇问题。

但不可否认，目前中国基础教育发展还不均衡，地方政府在教师待遇保障方面的能力还有较大差距，教师待遇差距大、不能得到保障的情况仍然存在，农村补充不到愿意扎根农村基层教育的、优质的教师依然是农村教育发展的短板。以免费师范生政策的效果为例，有调查显示，2011年毕业的首届免费师范生中，在陕西、江苏、云南、安徽、江西和河北等省区的农村学校任教的仅占总数的4.1%，到福建、山西、甘肃、贵州、青海、海南、山东、宁夏、内蒙古和广东等省区的农村学校任教的为零。这一数据一方面说明在这些省份教师缺编情况已经十分严重，毕业生根本到不了农村地区就已经被消化一空；另一方面也说明要在老少边穷地区留住好教师仍面临着巨大困难。在这种情况下，如何激励有志于教育的青年才子加入基础教育，尤其是农村基础教育教师队伍，如何说服学生选择终身奉献教育事业，是教师激励制度不得不考虑的问题。这一问题不解决，学生就不能直接渗透到教育最基层，教师教育的质量即使再高，提升教师队伍质量的根本目标也无法达到。

三、教师管理政策与教师教育政策一体化设计的建议

当前，教育在国际竞争和社会发展中的作用已经越来越被政府和社会认可，要促进教育发展，提升教育的质量，实现学生的全面发展和素质培养，使学生成为中国社会发展和技术创新的真正力量，教师的作用不可忽视。教师教育直接决定着未来教师的质量与水平。教育事业的发展是一体化的，虽然教师教育能够解决培养多少教师、培养教师质量如何的问题，但是有多少学生愿意进入教师教育过程，又有多少接受了教师教育、具有合格教师素质的学生愿意成为教师，现任教师是否有接受职后培训的机会或者愿意接受职后培训，现任教师是否能够像教师教育培养中所强调的那样在教育教学中发挥自己的积极性与主动性，都已经不是教师教育政策本身所能解决的问题。而这些问题，全都指向了教师教育政策之外的教师管理政策。因此，要实现教师队伍建设的优质化、均衡化等具体目标，必须将教师管理政策与教师教育政策的设计纳入一体化的考虑之中，从完善顶层设计来考虑教师教育政策的设计。

第一，统筹教师教育和教师管理政策的政策制定过程，使之形成统一的政策价值取向，以良好的教师管理政策为教师教育政策目的的实现保驾护航。

弗鲁姆提出，一个人的行为动机是行为目标价值和目标实现可能性的函数。综观新中国成立后整个教师队伍建设的全过程可以明显看出，教师社会经济地位的变化与教师的工资待遇变化呈现出明显的正相关。教师待遇低下导致了20世纪80—90年代基础教育教师的大量流失，而2007年免费师范生政策和2009年教师绩效工资的实施分别从教师的社会地位和教师的经济地位方面给予了广大学子以希望，使得社会再次掀起了投身教师教育的热潮。这在六所实施免费师范生政策学校的招生成绩和地方师范院校师范类学生招考的火热程度上可得到证实。因此，要充分发挥教师教育政策的作用，首先必须要制定良好的教师管理政策，营造良好的尊师重教的社会氛围。这就要求国家在设计教师教育政策时考虑国家教师管理政策对教师教育政策实施的影响，将职前培养、职后培训与教师的日常管理都纳入政策中，使教师教育政策与教师管理政策保持一致。这样，无论是尚在师范院校的准教师还是已经入职的教师，都能有足够的意愿和信心，充分发挥自己所学，推进教育质量稳步提升。

第二，建立明确的教师素质国家标准，是实现教师管理政策与教师教育政策一体化的

重要内容。

　　教师教育是培养教师的过程，而教师管理是用人的过程。没有明确的培养标准，教师教育培养出来的教师是不能适应教师管理的，而教师管理也不可能给教师教育提出有效的反馈意见，往往出现培养与使用相脱节的问题。因此，从顶层设计的角度出发，国家必须尽快拿出明确的教师素养标准，既可以为教师教育的培养过程指明方向，也可以为国家招聘和评价考核教师的过程确立依据。整个教师教育和教师管理围绕一个明确的标准进行，不但能够实现职前培养、职后培训和管理使用有效整合，而且能够为整个社会评价和舆论营造出清晰的导向，从而提升教师的社会声望和专业地位。

　　第三，实现教师教育政策与教师管理政策在执行中的协调一致，是实现一体化的主要目的。

　　近年来，国家为了切实提高基础教育教师队伍质量，实施了包括中小学骨干教师培训、中小学教师远程培训、班主任教师培训、中小学紧缺薄弱学科教师培训等在内的中小学教师培训项目，希望通过培养骨干，发挥示范作用，结合开发出的优质培训课程教学资源，为中小学教师专业发展提供有力支持。在这些项目的带动下，各省也纷纷投入专项经费，组织大量教师培训项目。这些项目在满足广大基础教育教师培训进修需要的同时，也存在着诸如教师参训动力不足、骨干教师外派困难、真正的骨干教师因教学任务繁重未能派出等问题。因此，从政策执行的角度出发，在教师教育政策设计中，突破教师教育本身的局限，仔细梳理、完善、协调教师管理政策，是使教师教育政策发挥作用的现实途径。

　　总之，教师教育政策和教师管理政策是提高教师队伍质量的两个方面，只有两者有机协调，形成合力，才能真正达到提高教师队伍质量的目的。

第六章 新时期教师教育模式改革

第一节 PDS 教师教育模式

近年来，我国借鉴美国 PDS 模式，立足我国教育发展实际，不少大学与中小学合作建立了多所教师专业发展学校，结成合作伙伴关系，进一步提高教师培养质量，为中小学教师提供发展空间，也为大学教师走进中小学提供机会。但是随着模式的发展和推进，逐渐暴露出了一些不容忽视的问题。

为了有效促进教师专业发展，美国出现了大学与中小学合作建立教师专业发展学校的模式，简称为"PDS"。它是融教师职前培养、在职研修和学校改革为一体的新型师资培育形式。许多人认为，"PDS"是为师范生进行专业准备，也为有经验教师提供持续专业发展的新制度模式，同时还是支持教学研究的机构。它是教师教育的一种新模式，也是一种探索和革新。

一、教师参与不足，持续发展难以实现

只有部分教师参与的合作模式难以实现教师的持续发展。从 PDS 近些年的发展来看，参与 PDS 的教师大多是主动寻求专业发展的教师，并且绝大多数是主动参与的志愿者。对 PDS 的研究也主要集中在这些参与者身上。即使在整个学校参与的案例中，通常的做法也是允许那些不感兴趣的教师转到其他学校。就大多数学校而言，参与的教师只是组成一个比较小的兴趣小组或教师中心，甚至在一些学校，教师自己决定参与的水平或者选择退出。然而，大量证据表明，只有当一个学校的全体教师都参与的时候，学校的教育革新和教师的持续发展才能真正实现。因为全体教师的参与能够分担他们个人遇到的问题或困难，所以教师更乐于参加合作性的探究。例如，美国密尔沃基公立（Milwaukee Public Schools）与威斯康星大学（University of Wisconsin）合作在 PDS 内建立了教师教育中心，教师们发现，他们从以技能为中心到以学生为中心的教学及其方法的变革变得更容易了，因为积极进取或主动的行为成为了创造的动力，良好的氛围和坚定的信心，能够促进教师和学生持续不断地进步，甚至那些过去对教学不太投入的教师也会改变他们的课程计划，表现出积极性。整个学校的参与也为审视更广泛的问题（如学校怎样满足各种学习者的需要）提供了一种环境，这种组织结构能够进一步促进民主的学习化社区的创建。但是如果

参与 PDS 的是少部分人，或仅仅是一个小的志愿小组，那么当他们对自己的教学实践进行孤立的自我反思时，就可能潜伏着一种危险：需要进行的学校范围的结构性变革将被忽视。只有全体教师参与，才能形成统一协作、强大有力的态势，促使进行结构方面的变革，促使校长或其他管理者真正投入到 PDS，才能在教师专业发展上有所作为，并为教师成长营建良好环境。

二、层级差异与隔离，角色转变艰难

大学与中小学两种不同制度文化之间的层级差异和长期隔离，为 PDS 有关人员的角色转变造成困难。长期以来，大学教师无论是在文化上还是制度上，都常常被视为"专家""学者"，相比之下中小学教师往往被看作是低一层次的"教书匠"，他们之间的关系时常是"上"与"下"、"指导"与"被指导"的关系。在许多 PDS 中，无论是大学人员日常工作议程的提出还是教师专业发展的引导，大学教授很容易被看作组织者和指导者，而不是合作学习者。这种层级差异的观念给 PDS 带来一些消极影响，使参与者难以形成良好的合作关系，造成交流和沟通的困难。在一些 PDS，教师在大学人员的培训和指导下参与实习教师的研讨和评价，而大学人员要对教师的教学进行观察和评估，并提出教学行为的反馈意见。研究发现，那些指导实习生并参加每周研讨会的教师，其教学技能得到了非常明显的改进和提高。但是，与其说教师的知识是在与更高的权威、作为教师评价者的大学教授一起工作中建构的，还不如说知识是从大学教授那里传递下来的。相比之下，在成效显著的 PDS 中，一些大学人员，他们即便是作为教师的指导者，也能够表现出合作学习者的角色。一些学校 PDS 之所以不太成功，部分原因是校长没有扮演应承担的角色，其管理方式存在问题。例如，有些学校，校长不允许教师对他们自己的专业发展做出决定并对他们的工作严加管制。在大学，即使那些参与 PDS 的"基地教授"能够较好地扮演应承担的角色，也没有得到相应的回报和激励，却时常要冒着投入更多的时间和精力、更少的研究成果、更加沉重的工作量、更低的社会身份的风险。

三、角色承担过多，教学质量堪忧

PDS 的确为教师的持续发展提供了新的机会。教师对教学进行研究，对实习教师予以指导和教育，同时致力于教育行政的变革、参与决策的制定，他们的声音传出教室，响亮四方。这些都成为转变"教师只能和学生在一起而不能做其他工作"等传统观念的强有力的工具。教师是基地管理小组的成员，是实习生的指导者，是家长—学校的联络者，是教师教育者，还是大学—学校的联络人，然而，教师更重要的角色是课堂教师，教师承担的最重要的职责是教育学生。过多的职责可能导致教师胜任能力的衰弱，并降低他们的工作质量。日趋增多的教师职责可能迫使他们把有限的时间和精力投身于给定的领域。总之，PDS 还处于初创时期，还存在着许多困难。工作需求愿望的加剧，传统官僚体制的阻碍，学校和大学少部分人员的参与等因素，都是对这种新制度创生的挑战。尽管 PDS 显示出巨大的发展前景，但前进的道路上充满阻碍和困难。

第二节 "U–G–S"教师教育模式

伴随着时代的进步与发展，社会生产生活对人才的需求不断加大，对人才的要求也持续提升。教育行业是国家实现可持续发展的重要内容，也是国家与各个行业高度关注的热点。基于这一环境，教师教育工作，培养高素质的教师队伍就显得十分关键。为了进一步提高师范生的教育质量，改善师范生的综合素质、实现教师教育的协同创新，"U–G–S"教师教育模式应运而生。本节主要针对"U–G–S"教师教育模式的构建进行研究，以期为"U–G–S"教师教育模式的实践运用提供一定的借鉴与参考。

教师专业发展理论研究是推动教育行业发展的根本，其中教师培养的实践活动是"实践性取向"教师教育的重要表现方式。在实践性取向教师教育理论确立与发展过程中，如何解决教师教育中严重缺乏实践性的问题成了关键。在这一环境下，U–G–S"教师教育模式开始形成。"U–G–S"教师教育模式是地方政府、高校、中小学是三个教育主体协同合作，一同创新，建立的教师教育培养模式，其基于优势互补、合作共赢的原则开展教师教育工作。

一、"U–G–S"教师教育模式及其意义

（一）"U–G–S"教师教育模式

"U–G–S"教师教育模式是2014年8月政府教育部门在针对培养卓越教师所制定的计划中第一次提出并且运用的。"U–G–S"教师教育模式主要是指高校（University）、地方政府（Government）以及中小学（School）三个主要教育主体可以协同一致、结合起来，在遵循相关规章制度的情况下结合政府的经济、制度优势，高校的学术、学术资源优势以及中小学校的场所优势，建立教师培养的教育体制，全力提高教师的综合素质、改善教师的教学质量、推动教育改革的进程。

（二）"U–G–S"教师教育模式的意义

"U–G–S"教师教育模式的提出对于教育行业的发展有着重大的实际意义，主要表现在以下几个方面：第一，"U–G–S"教师教育模式冲破了教师教育改革的困境。"U–G–S"教师教育模式冲破了僵化死板的教师教育模式，建设出了自主、创新的教师教育体系。"U–G–S"教师教育模式旨在融合地方政府、高校以及中小学的不同优势，以最佳的组合形式开展合作，建立科学合理的体制，保证三方合作的高效性。第二，"U–G–S"教师教育模式推动了教师教育模式的协同发展。国外的教师教育研究大多关注以下几个方面：教

师教育理论与实践的平衡；教师专业知识、教育知识与专业技能的结合；教师教育行为与信息技术的结合等等。而"U-G-S"教师教育模式则有所不同，其是协同理念指导下的教师模式，突破了以往教师教育主体单一的形势，有机结合了地方政府、中小学校等不同主体的特征与优势，贯穿教师入职前培养、入职时技能教育以及入职后学术研究等全过程阶段，形成了多样化主体共同协作的局面。

二、"U-G-S"教师教育模式建构

（一）保持"U-G-S"优势推动互补发展

地方政府、高校以及中小学是相互独立的三个教育主体，三者在自身的领域都拥有着独特的优势，能够实现各项不同的功能。在教师教育领域中融合地方政府、高校以及中小学的优势最为基础的就是要清晰明确地意识到三个主体的本质特征与优势，最大程度上实现优势互补。地方政府是地方教育发展的重要部门，承担着资金的投入使用以及相关政策规则的重大责任。同时，地方政府部门与地方教育事业的关系十分密切，因此政府部门可以就当地教育事业的发展做出一定的统筹规划，使当地教育实现可持续发展。在教师教育过程中，地方政府的参与能够强有力地保障教师教育基础设施建设以及相关教育基础环境条件，为教师教育工作开展保驾护航。高校，是教师教育工作开展的重要场所，其在教师教育工作中拥有十分显著的优势，其能够参与研究教师教育发展的理论研究、进行教师教育培养方案的制定等等。因此，在"U-G-S"教师教育模式下，高校应该发挥关键的主体作为，主要集中在以下几个方面：第一，就地方教育资源进行整合。地方教育资源包括人力资源与学术资源，而这是高校作为地方最高教育场所所拥有的学术优势与地位优势。第二，探索教师专业化发展的理论。理论研究与探索是高校科研的基本工作，对教师专业化发展的理论进行深入的研究是高校的义务与责任，需要高校对教师教育理论进行进一步的升华。第三，研究教师教育模式工作中出现的各项问题。高校的研究工作需要以问题为基础，其针对教师教育实践过程中存在的各种问题进行汇总，重点研究教师教育实践工作中核心问题，以便构建更加完善、更加科学的教师教育模式。中小学是新课程改革实践的重要平台，其作用主要体现在：第一，起到评价检验教师教育培养质量的作用；第二，中小学教师教育实践工作中出现的问题是教师教育工作中研究改革方向趋势。综上可以看出，中小学在"U-G-S"教师教育模式中要更加主动、更加积极，尤其是要中分展现自我实践能力、教师教育发展趋势引导能力等，推动教师教育专业化发展。

（二）建设共同合作平台

美国著名教育学家古德莱德曾经对大学与中小学之间的关系进行了具体而准确的描述，学校想要进步发展就需要更好的老师，而高校想要拥有更多的教师则需要将中小学作为模范和榜样。因此可以看出，在"U-G-S"教师教育模式中高校与中小学应该建立共同合作平台，地方政府作为搭建平台的桥梁，要使高校与中小学之间形成明确的关系。在建

立共同合作平台的基础上冲破不同教育主体的壁垒，实现真正意义上的合作与共赢。在建立共同合作平台的过程中高校与中小学要冲破不同主体之间固有的屏障，实现真正意义上的合作。第一，高校与中小学要冲破各自固有的体制壁垒。由于高校与中小学的教育对象不同，导致两者都拥有属于自己特色的工作机制与流程，如果要实现真正意义上的合作就需要建立教育合作平台，冲破高校与中小学的壁垒，双方以自由、开放、平等的身份参与合作。第二，高校与中小学要冲破各自独立利益壁垒。地方政府、高校、中小学三个主体在自身工作领域的价值追求均不一致，但是在"U-G-S"教师教育模式下三个主体为了寻求高度合作需要形成一致的价值观，以统一的理念与原则保证合作的顺利进行。为了进一步冲破高校与中小学之间固有的利益壁垒，建立深入的合作关系，需要高校、中小学能够在教师教育模式的合作中相互转换身份、对自身在"U-G-S"教师教育模式构建过程中的地位、定位与作用进行重新评估，以充分保证"U-G-S"教师教育模式的实效性。

（三）建立共同目标的激励制度

高校与中小学在不同制度、不同机制环境下发展，必然存在运行机制与文化方面的冲突与矛盾。在工作重心方面高校侧重科研学术理论的研究，而中小学则以培养学生，推动学生发展为主要任务。在"U-G-S"教师教育模式中，高校与中小学应该是相互促进、相互发展的关系，如果双方无法在"U-G-S"教师教育模式中达成共识，会严重影响"U-G-S"教师教育模式的进行。因此，在"U-G-S"教师教育模式中应该建立科学合理的激励机制。第一，地方政府部门要纵观全局，集中不同方面、不同手段的激励方式，建立健全有效的激励制度，以便对高校、中小学形成严格激励与约束的作用。第二，地方政府部门要建立教师教育实习基地审查制度，提高教师教育实习基地的建设门槛，给予合格实习基地一定的资金补贴，打造优秀、完整的教师教育实习平台。

（四）建设"U–G–S"教师教育模式"实验区"

"U-G-S"教师教育模式冲破了高校教育的空间约束，将地方高校师范人才培养的功能扩大至中小学，打造了"U-G-S"教师教育模式的"实验区"。根据"实验区"的建设，"U-G-S"教师教育模式中三个重要主体要一同建设开展"教育实习—模拟教学—教育实习—教育反思"的完整教育体系，探索出能够满足教师教育需求的课程实践模式。高校师范人才培养校园的扩大，推动了高校师范生实践学习的操作性与实践性，在与中小学完成无缝对接的基础上让高校师范生真正感受到了教育教学情境。

（五）走上高校特色发展道路

以实验区为依托的"U-G-S"教师教育模式可以通过组织开展师范生培养教育、中小学教师专题培训、基础教育理论研究工作等建设成为人才培养、社会服务以及科学研究综合教师教育体系，形成高校、地方政府、中小学校合作培养高素质、高水平教师的全新机制，成为我国地方院校延伸办学空间、办学体系改革的榜样。其中，广东省肇庆学院重视教师教育工作，始终将提供高效的基础教育服务作为指导原则，承担起了为现代社会培养高素质教师人才的重大责任，摸索出能够满足我国教育环境的教师教育培养模式。"U-G-S"教师教育模式的应用是肇庆学院体现办学特色、推动自我发展、实现强校目标、服务教育行业的重大举措。

总的来说，U-G-S"教师教育模式的形成与实践成了教师教育培养的有效方式。高校、地方政府与中小学一起协同致力开展教师教育培养工作，通过保持"U-G-S"优势推动互补发展；建设共同合作平台；建立共同目标的激励制度；建设"U-GS"教师教育模式"实验区"；走上高校特色发展道路等方式建构了U-G-S"教师教育模式。

第三节　协同创新教师教育模式

协同创新模式的教师教育是教师教育改革的必然趋势，也是教师专业化提升的内在要求。例如美国为代表的"PDS"模式和我国的"U-G-S"模式均是协同创新教师教育模式的实践运用。在协同创新的模式下，从教育部门的立场、学校的立场和教师自身的立场出发，职前教师处于怎样的角色地位，又将适应什么样的角色转变，是协同创新模式下应当探讨的重要问题。

教师教育质量的提高和教师专业发展的提升是教师教育改革的出发点和目标方向。教师是教师教育协同创新的主体。在协同创新的教师教育模式中，教师群体可以分为以下三类：第一类，基础教育如一线中小学中的教师，即指导师范生和新手教师进行教育实习的一线教师，通常是有丰富经验的中小学教师；第二类，高校中的教师教育者，即通常所说的培养师范生的高校教师和中等师范学校的教师；第三类，职前教师。其中职前教师是未来教师队伍的力量，是主要的培养对象，职前教师从师范学校走向基础教育学校，需要适应角色的转变与认同，本节主要对协同创新教师教育模式中，职前教师的角色进行分析和探讨，思考职前教师在这种教师教育模式下经历怎样的角色变化，又如何适应这样的角色转换。

一、教师教育协同创新的内涵

"协同"一词源自古希腊语，本意是一同工作。现代的"协同学"这一名称是由德国著名物理学家哈肯·赫尔曼于1969年首次提出。哈肯认为："在任何一个系统中，各子系统之间均通过有调节、有目的的自组织过程，发生协同作用，并产生新的稳定有序的结构。"因此，在这一概念体系中，"协同"是指系统中诸多子系统或要素之间通过相互合作和共同作用形成的有序统一整体的过程。

"创新"一词起源自拉丁语，其解释为更新、创造新物质、改变。"创新理论"最早由美国哈佛大学教授熊彼特在1912年发表的《经济发展概论》中提出。最早开始研究该理论的领域是经济学，其在经济思想发展史上有重要作用，此后被广泛运用于各个领域。

"协同创新"是当今创新理论中最重要的理念，指的是"每个子系统或元素都是基于共同的目标，通过共享思想，平台和机制建设，相互配合形成一个新的综合结构，并产生一个新的协同效应的过程。"在我国，胡锦涛同志于2011年4月24日在清华大学百年校庆上的重要讲话中首次提出。该讲话强调了高校，尤其是研究型大学的功能不仅是培养高精尖人才的重要基地，也是基础研究和高新技术研究的源泉。"要鼓励高校进行协同创新、体制机制改革创新，并积极推动和支持政策项目引导，加大高校与科研机构、企业深度合作的力度，建立战略协同创新型联盟关系，推进教育资源开发，促进资源共享，开展重大科研项目，在核心领域取得进一步成果，积极为建设创新型国家贡献力量。"2012年3月23日，全面提高高等教育质量工作会议颁发了《关于实施"高等学校创新能力提升计划"的意见（2011计划）》。意见中明确提出，"充分发挥高等学府多学科、多功能的优势，积极联合国际创新力量，有效整合创新资源，建立一个新的协同创新模式和新机制，形成有利于协同创新的文化氛围。"这标志着协同创新进入了国家战略层面。而"协同创新计划"也已经成为继"211计划""985计划"之后的第三个国家性的高等教育计划。

随着各国对教育的重视程度日益加大，教师教育的改革也在世界范围内兴起。大学与中小学伙伴关系协作的方式对教师教育的转变起到了关键性作用，协同创新的教师教育模式也应运而生。

教师队伍的建设是我国教育事业发展的基础。就我国当前教师培养与发展的情况来看，培养教师的高校较为普遍地存在着重视理论和知识，轻视应用和技能的现象，高校过于看重培养学术水平，市场意识和服务意识不够强，培养出的教师不能适应一线的教育教学活动，与现实教育需求脱节。从当前教师教育的培养模式来看，关涉教师教育的三个主体（教育行政机关，教师教育院校，基础教育中小学）在促进教师培养的过程中长期处于独立运行的"分隔""闭门造车"，基于共同目的的协同创新教师培养模式尚未成型。"这是导致我国教师培养进程缓慢的一个重要因素，也是我国教师教育改革必然面对的一个现实问题。"

在我国的"协同创新计划"中，教师教育的协同创新是重要的一个方面。目前协同创新的教师教育也在我国教师教育改革当中广泛运用，其关键在于协调教师教育高校、教育行政部门、一线基础教育学校之间的关系，协同开展教师教育，促进教师专业发展。要通过培养机制的积极创新和国家相关政策的大力支持，加强培训教师的高等师范院校、中小学以及相关教育行政部门之间的高度合作，建立教师教育合作联盟的新模式。教师教育的改革和新一代教师的培养，不仅是高等教育领域面临的改革，同时也需要基础教育领域协调改革，也需要与教师教育相关的各方共同努力。

二、协同创新教师教育下的职前教师角色

相比较以前的教师教育模式，协同创新模式下的职前教师，需要更高的社会化程度，要经历更多角色转变，以下分别从教育行政部门、学校和职前教师自身三个方面对职前教师的角色进行分析。

（一）教育行政部门方面：职前教师是"被动的接受者"

在协同创新的教师教育模式中，教育行政部门所处的是导向、协调和规范的作用。教育行政部门通常是与教师教育院校和基础教育学校联系，并不与职前教师直接建立联系。制定相关政策的依据也是通过两类学校，并不直接从职前教师获取政策制定的依据。职前教师也没有渠道直接同政策制定的教育行政部门联系，导致职前教师在协同创新模式中处于被动地接受和被领导的地位，是一种被动的角色。

作为教育行政部门，通常会忽视作为教师教育协同创新主体的教师。作为基层，教师的职业具有个体性与割裂性的性质。因此职前教师作为单个的存在，不可能在政策制定和协调的决策场域下具有发言权，只能作为学校的"附属存在"接受相关的安排。

在这种角色下，职前教师只能"服从"相关政策的安排，职前教师自身的需求和客观实际不能得到很好反映。如对实习地点、实习内容等的强制安排；对职前教师具体的培养需求不能准确的预测；教师的任用不能很好考虑职前教师的实际情况，等等。如此制定的政策只是在宏观层面上的协调，不能同职前教师的现实需求相联系。导致在实践当中，协同创新机制无法实施，教师的培养、聘任及继续教育仍然分由不同的部门管理，造成职能分散，资源利用不充分等局面，加大了协调和实施的难度。而教育行政部门在制定相关政策的过程中，逐级向下，往往到基层部门真正落实的时候，关注的重点已经成了上级教育行政部门的指示，已经忽略了职前教师的培养实际。

（二）学校方面：之前教师是"外来者的角色"

学校是协同创新教师教育中的重要环节。在协同创新的教师教育中，基础教育中小学作为师范院校的"专业发展学校"，直接和职前教师建立联系，是促进职前教师专业化发展，丰富职前教师实践经验的场域。

学校的浅层意义在于教育的服务性，是教育机构的中枢力量，但从深层挖掘，学校更是文化资本、社会资本、经济资本的融合体，复杂的文化与权力便在此产生。学校的职责之一是传达国家意志，它是国家权力在地方和基层的延伸，是国家机关的基层组织。在教育改革过程中，基础教育学校往往视执行教育行政机关的政策为一种任务。成功的学校变革必然是深度、可持续、有效、双向的变革。在协同合作培养教师的模式中，基层中小学往往存在着形式主义和表面主义的现象。一些基础教育学校并没有主动变革的积极性，而是被动变革，被动地依照政策完成教育行政机关所安排的"任务"，被迫接纳职前教师，提供实习场所。在这种情况下，职前教师并没有真正被基础教育学校所接纳。在实习过程

中，职前教师通常被安排听课、批改作业等较为简单的任务，无法接触一线的真实教学。即使是身处一线的中小学学校当中，也还是扮演着一种"外来者"的角色，处于一种尴尬的境地，不能真正体验基层教学的现实情况，也无法真正促进专业技能的提升。

在协同创新模式下，学校通常会在本校的一线教师当中选择教师作为职前教师的指导教师，与职前教师接触最多的是一线的教师。在这里就形成了两个群体：职前教师群体和本校教师群体。而本校的一线教师无疑是隶属于学校的，因此本质上不能和职前教师群体真正融合。即使都是作为"教师"，相对于隶属于本校的一线教师而言，职前教师群体仍然是一种"外来者"的角色。而在实践的指导中，拥有丰富教学经验的一线教师通常具有更加丰富的实践知识，对于刚刚走出课堂，仅仅具备理论知识的职前教师来说，一线指导教师通常会以一种"长者"和"过来人"姿态与职前教师相处，这种相处模式下，就产生了角色不平等。想要建立相互信任，相互支持鼓励，相互学习的氛围模式，存在着许多实际困难。

（三）职前教师自身立场：转变的角色

在传统的教师教育中，师范生大多数时候是在课堂上学习理论知识，接触的教育人群仅是教师教育者，少数的见习活动也往往流于形式；相比而言，大学与基础教育中小学共同培养的协同创新教育的模式下，职前教师将会接触更多的施教与受教群体，这也要求职前教师有更高的社会化程度。

教师的知识可分为理论知识和实践知识。在传统的教师教育模式下，理论性知识的学习往往是在课堂上或者通过自学获得的。传统模式中，师范生往往是"学生""学习者"的角色。而实践性知识，只能依靠教育教学活动的不断积累。教师的实践性知识作为教师专业发展的基础性知识，首先应具备筛选功能，可以扫除或减少教师在理论知识学习的盲目与恐惧感，有助于教师更好地理解、吸收、运用、深化所学知识。其次，其应具有导向性，对教师的价值选择、观念形成、知识体系构建及日常的行为起到规范作用。在协同创新教师教育模式下，职前教师要完成从"学生"到"教师"的转化，实现从"理论学习者"到"教育实践者"的角色转变，才能从"课堂"走向"讲堂"，从而促进自身专业化的提升，更好地适应教学实践工作。

要成为一名合格的教师，仅仅完成从理论走向实践这一步是远远不够的。实践经验的积累必不可少，但合格的教师需要在自己反思的基础上对经验进行剖析和创新。美国学者波斯纳根据自己多年的研究结果，归纳出一个教师成长的公式：经验＋反思＝成长。职前教师实现从知识的"接受者"到经验的"反思者"的角色转变，要在反思中不断促进专业的提升，形成实践—反思—实践的良好循环，更好地适应转变后的角色。

第四节 职前职后一体化教师教育模式

20世纪80年代以来，教师教育一体化已逐步成为各国教师教育发展的一种共同趋势。所谓教师教育一体化，是指为了适应学习化社会的需要，以终身教育思想为指导，根据教师专业发展的理论，对教师职前培养和职后培训进行全程的规划设计，建立教师职前职后一体化教师教育模式，即将职前教育、上岗适应教育和在职提高融为一体，使个阶段相互衔接，既各有侧重、又有内在联系的教师教育体系。这是促进教师专业发展、提升教师教育质量的有效策略和基本途径。然而到目前为止，由于种种原因，我国职前职后一体化的研究和实践并没有收到预期效果，特别是教师的职后培训，多数只是流于形式，因此如何提高教师教育效率，加强教师职前教育和职后培训一体化道路的探索仍然有着十分重要的现实意义。

一、职前教育和职后培训的现状

传统的教师职前教育，重学科性，轻师范性，重理论性，轻实践性，师范教育与教学实践要求脱轨，师范教育所学知识不能转化成教师教育能力；部分师范生从教的信念不够坚定。具体体现在以下几点：首先，教育理念滞后。高校对新课标的认识要滞后于中小学。除了一些教研机构及部分参与中小学教师继续教育培训的人员外，大多数高校教师长期从事本专业课程的教学和科研，不关注教育理论的新进展，掌握的教育理论大多已经陈旧，知识观、课程观、教学观、学生观、教师观和评价观等不能与时俱进，教育理念滞后。其次，课程设置滞后。主要体现在课程结构失衡、教学内容陈旧。多年来，高校在教师教育过程中强调的是培养具有扎实功底的专业学科教师，学科专业课程在整个课程中占比过大，教育专业课程占比过小。

教师职后培训存在诸多问题，从学校到教师，都有功利化的趋势，或者为了继续教育学分而培训，或者为完成培训任务而参加，没有自觉意识，只是消极应付；培训内容的同质化，培训形式的单一化，使得培训的质量不高，老师培训后收获较小，培训缺乏针对性，理论多，实践少；培训跟进滞后，没有后续的跟踪分析，更没有有效的监控措施。

二、实施职前职后一体化教师教育的必要性

教师继续教育的需要。全面推进素质教育是当前和今后一个时期我国教育改革发展的主要目标，也是新时期我国教育改革发展的一项长期而艰巨的历史任务。它对广大教师的教育思想、教育观念、知识结构、教学方式和教学手段等提出了新的要求和挑战，要求教师切实转变传统教育观念，牢固树立"终身学习"的思想，努力把"终身教育"理念作为教师继续教育发展的主导思想和指导方针，用"终身教育"的理念规范教师继续教育的发

展方向。

基础教育新一轮课程改革的需要。我国于 2000 年启动的基础教育课程改革，对目前在职的中小学教师提出了培训要求，也对学校新教师培养提出了改革课题。课程改革涉及的在职中小学教师培训的内容，正是学校对新教师培养过程中需要增加的内容。如何改革教师培养培训模式，加大培训力度，成为学校"职前职后一体化"教师教育工作的新课题。实践中，学校感受到没有职前培养的教师教育是基础教育缺"师"的教育，没有职后培训的教师教育也是不完整的教师教育。

满足地方基础教育的需要。经济的快速增长带动了基础教育的快速发展，同时城乡基础教育也发生了新的变化，学校面临了新的机遇和挑战。目前，城乡基础教育呈现"二元化"格局：城镇中小学教育资源不断优化，学校数量不断增加，教师岗位竞争激烈，学历要求逐步提高，教育教学改革日新月异；而乡村中小学教育则面临生源减少、学校合并、教师流失、结构失衡、教师工作与生活条件相对较差的现实。这种格局要求学校培养的教师，必须能够在城镇"竞得上、站得住、教得好、能创新"，在乡村"下得去、留得住、用得上、教得好"。通过"职后"培训使城镇教师能够跟上发展要求，使乡村教师不断转变观念、更新知识与提高技能，激发其教书育人的责任感与使命感。

三、实施职前职后一体化教师教育的模式构想

在对现行的教师教育问题做了大量调查研究后，笔者认为，面对职前职后一体化的教师教育应做到。

一是优化"职前"培养过程，精心培育高素质技能型基础教育教师。师范教育是教育的母机，是教师成长的摇篮。加强地方基础教育，首先应该抓好教师职前培养，从教育理念、课程体系、能力结构、育人渠道等方面进行探索与实践，优化职前培养过程，专业知识与技能并重，做人做事先行，培养适应地方基础教育的高素质技能型合格师资。

转变教育观念。在不断优化"职前"培养的过程中，高校应转变教育观念。由封闭式办学模式向以服务为宗旨、以就业为导向、走产学研结合之路的办学模式转变；由培养知识型人才向培养高素质技能型人才转变；由单纯追求规模向实现规模、质量、效益协调发展转变。

改革课程设置。合理的课程设置是培养优秀教师的重要保证。高校应在原有的基础上进一步优化课程设置，打破传统的重理论轻实践的课程设置模式，提高实践课的比例。同时要对学生进行职业道德教育，帮助学生形成职业道德与职业技能相结合的思想；把职业道德建设贯穿于教育教学全过程，让学生有体会、有感悟、有提高。

发展学生能力。学校应坚持以能力培养为主线，构建未来教师必备的能力结构，包括以教学能力为核心能力的学习能力、教学能力、教科研能力和操作技能。

二是拓展"职后"教师教育功能，促进教师专业化发展。职后教师教育是学校发展的重要一翼。我们应及时把握教师教育的发展脉络，逐步建立起科学系统的在职中小学教

培训体系，有力促进地方中小学教师的专业化发展，为我国基础教育的改革与发展做出贡献，使学校职前教师教育功能得到有效延伸和拓展。

确立先进培训理念。为打造优秀的教师队伍，应该正确定位职后教师培训：成就每一位教师，成长每一位学生，发展每一所学校；让每一位教师都更加优秀，让优秀的教师更加卓越。

建立科学培训体系。对新教师进行适应性培训，让他们一年入门，两年上路，三年过关，五年成才。对初入职的教师，重在校本教研的培训，区级培训。对中青年教师进行示范性培训，落实导师制，设立名师班、提高班，发挥领雁作用。针对老教师，进行榜样培训，消除职业怠倦情绪。通过这些方法，使教师从入门到退休都保持从教热情，形成一个完整的体系。

构建教师交流平台。教师教育发展途径多样，其中教师间的相互交流是一个重要方式。大家在教学中可能遇到共同的情境性问题，经验交流与问题讨论可能比单纯的讲授更利于促进彼此改进教学。为了鼓励教师交流，建议采取以下措施：第一，鼓励课堂讨论。鼓励培训教师在课堂上利用案例和实际教学情境问题进行讨论。第二，以学科为原则安排住宿，便于参加培训的教师在学习之余进行讨论交流。

三是"职前职后"运行一体化，推动教师教育可持续发展。职前职后一体化教师教育，是满足地方基础教育师资成长的需要，二者形成了良性循环的培养系统，有机结合相互促进，才能呈现出螺旋式上升趋势。为了正确把握和运用职前培养和职后培训系统技术参数，更好地发挥一体化功能，在具体的办学实践中，我们应实现职前培养和职后培训的七个"一体化"，即职前培养和职后培训的教学观念一体化、产学研结合一体化、职前培养和职后培训师资的一体化、职前培养和职后培训教学设施与仪器设备使用的一体化、教师职前职后学习一体化、学生顶岗实习与教师离岗学习培训一体化、教师学历层次提高一体化。

"职前职后一体化"教师教育，已经成为新形势下探索和实践师范教育发展的有效途径，是学校的发展地位的支撑，也将为地方基础教育事业做出更大的贡献。

第五节　以学习者为中心的教师教育模式

在知识经济时代，以知识传授为核心的传统教师教育模式受到了新教育手段与新人才需求的双重挑战，其基于"学习者为中心"的人才培养模式被重新定位。针对教师教育模式现存的问题，本节提出"以学习者为中心"的教师教育模式转型策略思考，即改变知识传授教育，提升教师学习能力；改变经验积累式教育，教学科研带动教师成长；改变标准模式教育，关注教师个性化发展；改变业务技能教育，强化分层按需培训；改变传统手段教育，重构教师教育新样态；改变封闭性培养方式，多元促进主体性发展等。

"教师教育"概念的首次提出于 2001 年教育部的文件中，包括教师的职前培养、入职培训和在职研修等环节。随着教育部启动"园丁工程""国培计划""扶贫计划"、建立教师资格制度以及各省在职教师继续教育、省培计划、"名师工作室"等活动的开展，教师教育工作被不断牵引和推动，成效显著。但目前教师教育工作的总体特点，依然以数量型、学科知识补偿型、学历提升型为主。相对于时代发展的要求，工作的水平和效益都亟待提高。

一、教师教育模式现存问题

（一）教育过程较为封闭

在各级教师进修院校中，教研员是开展教师教育的主体，他们作为区域内优秀教师的代表，具有深厚的教学功底、丰富的教学经验和较强的教学指导能力，在教师教育活动中，他们具有核心话语权，更多地以"专家思维"向基层教师传达单向信息，却少有关注教师的自我经验与职业倾向。教师也往往更多地执行和实现教研员的意志，参与研修活动时，常"身在其中"而"心置其外"，主动合作、自由交流的意识较淡薄。教研员大多来自一线，注重教学经验和指导技巧，不善于引领教师对典型的高发的教学问题进行反思，缺少在理论与实践之间进行智慧性技术的架构。

（二）教育内容仅停留在微观

教研员课堂教学经验丰富，他们更精于学科教材的研究，侧重于对教学重点、难点和经典题型的解读，以及如何在具体情境中熟练运用教学方法、准确把握教学节点等。在开展教师教育时，更多地聚焦教法选择、教材分析、媒体手段应用及考试命题等微观层面的内容，就问题谈问题，仅停留在描述、解释的层面。其实，教学领域里的众多问题，并非浅层的表面的个别现象，背后蕴含着课程（学科）知识和教学规律性问题，需要教研员用前瞻的理念，站在更高层次上进行审视，关注深层次的教育问题。

（三）教育方法单一

教师的教育教学是较为复杂的实践活动，影响因素较多，教师教育的模式应是整体的、全方位的，需要运用科学严密的方法对教育教学问题进行分析、解释、预判和改进，教师教育的内容也只有基于真实的课堂教学问题才有价值与意义。

二、"以学习者为中心"的教师教育模式转型策略

"以学习者为中心"的教师教育模式的主旨是指教师的主体性发展，即顺应教师的个性特征、教学风格、行动模式和职业倾向，激发教师自身的专业认同、发展自觉，最终实现教师的主动学习和自我管理，帮助教师突破固有的职业困境、提升专业素养。

（一）提升教师学习力

随着互联网的发展，新思想、新理念和新信息的传播与获取速度大大提升，传统的教师培训已很难激起教师的参与兴趣，无法满足教师的个体需求。新型教师教育模式应注重学习者学习能力的提升。首先，在教师教育内容与形式上，从教师不同层面的需求出发，提供丰富的课程和更多的学习选择。如利用网上选课等活动，为教师提供实用的特色课程学习，教师通过选课扩展课程视野，学会、吸收并内化各种资源，形成新的课程开发力量。其次，从学习科学角度而言，新知识的获得主要靠与已有旧经验之间的联系，教师通过真实情境下的任务驱动式开展研修学习，将已发生的教育事件、教育故事进行重新解读、研判和反思，沉淀实践经验，转化为新认识，升级元认知能力，从根本上提高教师教育效能。

（二）教学科研带动教师成长

"以学习者为中心"的教师教育模式，要注重提升教师的认知能力和解决问题的核心能力。问题研究会有效调动教师学习的积极性，促进教师的专业化发展。每一次研究，都会激发教师的学习需要，进而推动教师的学习行为，加深教师的理论学习和实践积淀，引起其专业自觉。问题研究还可以增强教师团队的凝聚力，一样的困惑，共同的经历，即时的交流，在问题解决过程中以及不断滚动发展的学习实践中，会直接催生教师学习型组织的形成。

（三）关注教师个性化发展

教师是独立的需要尊重的个体。他们的文化基础、成长背景和学科知识结构各有不同，个人追求和职业期望也不一样，如果继续采用大班制培训施教，或在一个地区对所有学科教师通用一个教育模式，教育效果将不尽人意。"以学习者为中心"的教师教育模式最核心的理念是以教师为主体，充分调动他们的内驱力，着重看在培训学习中教师是否发生了学习行为，是否对培训的知识进行了领会、理解、感悟、顿悟和重构等，甚至是思想冲突。教师培训不再以学分考勤为主要依据，更多是重视教师的行为记录，萃取每位教师的人力资源属性，分析他们专业优势。该模式让教师拥有宽松的研修环境和一定的学习自由度，有更多可以自由支配的教学实践空间，能够对课程进行个性化的变式和深度研修。

（四）强化分层按需培训

在教育变革与教师发展需求多元化的背景下，分层培训、按需培训已成为"以学习者为中心"的教师教育模式的常态。首先，要大量调研、持续跟进，了解教师整体现状和实际发展需求，借助在线学习平台数据，分析概括教师课程学习的效果，聚焦教师专业发展中的难点和实际获得，增强教师教育工作的针对性。其次，通过时间维度数据，观察不同教师在不同专业发展阶段的差异，准确分析教师发展的优势和不足，强调教师的自我学习和探究学习，激发其自我意识，探索教师教育的实效与价值。最后，从学生的实际发展结果反馈教师的专业成长状态。教师的专业成长最终都要落到学生的发展上，引导教师做反思型的研修者，关注学生、研究学生，注重对学生学习过程的引导、课堂教学秩序的维护以及学生主动性发展引领等，使其根据知识和经验，策划学生的学习活动，在复杂教育情境下及时做出判断，从知识传授者向学习管理者转变。

（五）重构教师教育新样态

"互联网＋"作为一种新型教育方式，已渗透到教育领域的方方面面，改变了传统单一的教育模式，也改变了教师教育的基本样态，有效促进了教师专业能力的提升和发展。主要体现在：第一，与技术融合的教师教育主要基于对学习者的教育诊断与需求回应。培训者从教学设计向学习设计转型，在培训课堂上形成新的学习机制，确立学习者的主体地位，使教师的自主研修得以保障。第二，培训者一方面通过对学习者前置性学习数据的准确分析，保证培训教学的针对性，另一方面通过对培训中学习者行为的分析、反思和改进，支持教师专业发展。第三，多路径实现互联网下教师能力发展。在问题驱动下，教师自发组成研修共同体，有选择地参与"有组织＋自适应"的混合学习、"线上＋线下"的混合学习、"面对面＋远程"的混合学习等，获得慕课资源，进行自主学习。第四，用数据跟进指导教与学。用大数据诊断以及名家引领、开放式学习等方式，使教学研究和供给精致化、精准化，全方位提升教师专业学科素养。"互联网＋"下的教师教育模式，将为培训者和教师提供远超于课堂的交流平台，实现远程学习常态化。教师利用人工智能学习平台进一步满足个性化学习需求。

多元促进主体性发展。搭建开放的多元的培训观摩与实习平台，使教师作为发展主体，能够主动寻求学习路径与资源，实现与更大范围内的同道中人的交往互动，获得专家学者系统的理念引领，汲取专业力量，摆脱对本学科和本专业的固守，与多元文化进行适度联通，注重融合自己在职场、生活以及专业追求中的各种角色，从狭隘的职业视野走向宽广的公共性视野，得到持续健康的专业发展，实现先进教育理念下的成长。

第六节　区域研训教一体化教师教育模式

在传统区域教师教育过程中，科研、培训和教研三者相互分离、各自为政，很难有效发挥对教师专业成长的促进作用。研训教一体化是在区域教师教育过程中，以教师专业成长为旨归，以教师专业成长阶段特征和规律为指引，协调研、训、教三者在教师教育中的定位，将三者融为一体，实现三者优势互补，协同高效地促进教师专业发展的创新型教师教育模式。

十余年来，学界对于研训教一体化教师教育模式理论的认识逐渐深化和清晰，各地也陆续进行了研训教一体化教师教育模式的实践尝试。杭州市下城区教师教育学院根据多年探索，提出了具有自身特色的现代区域研训教一体化教师教育模式，其主要依托"项目化路径""共同体路径"和"云学习路径"等有效路径承接落地，构建认同机制、协同机制和保障机制等创新机制，确保有效路径顺利达成。目前，已有的研究多为区域教师教育工作成就和实践经验的凝练，机械性和实践性较强，对区域研训教一体化的本质内涵还未有清晰和深刻的认识，难以体现实践与理论的融会贯通，此种现象的存在难免阻碍现代区域研训教一体化教师教育模式的进一步优化。

一、现代区域研训教一体化教师教育模式的基本内涵阐释

科研、培训和教研作为教师教育工作的三大模块，均能在一定程度上促进教师的专业成长或教师内在专业结构不断更新、演进和丰富。在传统区域教师教育过程中，科研、培训和教研三者呈相互分离、各自为政的状态，各自独立发挥对教师专业成长的作用。教育科研在中小学主要以课题研究、课例研究、学术沙龙等形式进行，是提升教师研究能力和品质的重要手段。县级教师培训部门在当下以非学历进修为主的阶段中，主要承担对新教师职业适应性引导、师德师风教育、中老年教师新教育观念和方法培训等工作。县市级教研室、学校学科教研组主要负责中小学教育教学研究、新课程教材教法研讨、教育科研成果的转化与推广等工作，对一线教师教学能力提升发挥着重要的指导作用。由此可见，科研、培训和教研各有所长，均能较好地促进教师的专业发展，但都存在一定的不足，如教育研究中常会出现"教学"与"研究"两张皮的问题；教师培训多侧重于"技术层面"的训练，较少涉及科研精神和能力的浸润；教学研究部门开展的多是点状、非连续性的指导工作，缺乏对于教师专业发展系统科学的规划，实效性较低。

科研、培训和教研三者分离的传统教师教育模式的固有弊端呼唤现代区域教师教育模式产生。现代区域教师教育模式是研训教一体化的，这一模式突破了以往相互隔离、三线并进，各自对教师专业发展发挥作用的状态。现代区域研训教一体化教师教育模式具有教师教育内容集约化程度高、教师教育工作协同性高、教师教育实效性高的特征。教师教育内容集约化程度高表现在通过高度整合研、训、教三者各自的教师教育内容，合并归类，去芜存菁，去除三线并进带来的重复和交叉的部分内容，生成了高效、精简和集约的学习资源；教师教育工作协同性高体现在教师教育工作不再固定分化为研、训、教三块，而是在教师专业发展这一目标的指引下重新设计工作模式，合理分工，协同合作，打破了传统教师教育模式中相互分离、各自为政的状态，提升了工作效率；教师教育实效性高是指通过研、训、教三者的优势互补和协同配合，有效提升了教师教育的效果和效率，避免以往多头并进带来的冗杂和低效。研训教一体化，并不意味着三者处于同等的地位，也不意味着三者无序混合，而是依据其自身特性实现合理搭配。研、训、教三者之间的关系是：教学研究是核心，也是基础；教学培训是保障，用以实现教师的有效研究和有效教学；教育科研是引导，是对教研经验的提炼和升华。

这一模式通过高位谋划，协同处理研、训、教三者的关系，有效克服了以往传统区域

教师教育模式存在的多头并进、交叉重合、低效无力的状态。在模式前端,各类资源得到统合分配,研、训、教三大模块重新优化组合,三线并为一线,极大提升了教师教育工作的科学性和实效性。在模式后端,教师不再被分离于三大场景,专业发展的训练不再破碎、孤立,专业成长得到统一支持,极大节约了教师的时间和精力,教师专业发展的成效得到了保障。研训教一体化是一条将教师的科研、培训和教研有机渗透和融合,促进"全能型""综合型"教师培养和发展的路径。

二、现代区域研训教一体化教师教育模式的有效路径探寻

经过十余年的实践,杭州市下城区教师教育学院探索出现代区域研训教一体化教师教育模式,寻找到了运行的有效路径。除"基于研训教一体化的区域教科研培训创新路径"和"区域教师教育机构的转型路径",还包括"项目化路径""共同体路径"和"云学习路径"三种主要实施路径。

(一)现代区域研训教一体化教师教育模式的项目化路径

项目化路径是以"项目"为抓手,以"课"为载体,以"研"为方法,以"训"为途径,以"教"的改善与提升为目的,在教学实践中发现问题、研究问题和解决问题,实现教师全员、全程、深度地专业化成长的创新型教师教育模式。项目化路径不再拘泥于研、训、教三者固有的程序,整合了原有三者不同的工作目标,融研、训、教于一体,以教师专业发展中的问题为导向,切实提升了教师专业发展质量。

1. 以问题解决为导向的"名师好课堂"

名师好课堂是杭州市下城区教师教育学院与浙江省中小学教师培训中心和浙江省中小学名师名校长工作站合作打造的以区域为基地,以教师专业化发展为目标,以名师为引领,以课堂为载体,以参与式培训为主要方法,研训教一体化的品牌项目。该项目采用"同上好课—专家点评—教师互动—资源共享—交流合作—结拜名师"的操作流程,采用"合作主办、基地承办、品牌共建、资源共享"的实施途径,教师在研训教一体化的"名师好课堂"中得到了成长。

2. 以需求达成为导向的"重点实践研究项目"

该项目主要针对学院的研究员开展,目的是提升研究员工作方向与中小学教师专业发展需求的契合度,通过教师教育者能力提升和理念的转变促进研训教一体化的水平。重点项目的产生、实施、评估与展示坚持开放与民主的原则,采用研究院自主申报的方式和行动研究的方法,使项目研究人人有试验田,实验的主阵地在校园、在课堂,评估的方式做到实践化,对项目的评估验收既到试验田,又到实验室;既求研究成果,也求实践成效。采用"定项目—选基地—落实践—重评估"的操作方法。实行分类管理、招投标制和经费管理。通过科研实践项目与教学实践相结合的方式,有效促进教师科研、教研能力的提升。

（二）现代区域研训教一体化教师教育模式的共同体路径

共同体路径是研训教一体化模式下组织形态的创新，体现了多要素的整合和多资源的融合，具有群体性、多样性、自主性和个性化的特征。共同体路径采用"项目发布—个人申报—组织架构—研修学习—评价奖励"的程序，以基于区域的名师智慧空间站和基于校园的教育研究共同体为实施载体。

1. 基于区域的名师智慧空间站

它是以名师培养为目标，以研究项目为载体，以专家型教师为引领，通过资源整合、开放互动、创新与实践结合的方式促进研训教三要素同构的研修方式。其运作方式是"项目发布—个人申报—组织架构—研修学习—评价奖励"，具有名师群领衔、项目化研究、研训教课程、大空间环境和激励型评价的特点。根据空间站的运作模式和研修特质，可以将名师智慧空间站分为课题引领式、活动体验式、任务驱动式和私人定制式四种类型。课题引领即以课题带动研修，在课题研究中深化对于教育教学的理解。活动体验即在实践中理解理论、运用理论，将理论与实践相结合。任务驱动即以指向明确的任务激励共同体成员成长，保障共同体运转的质量。私人定制即为成员提供适合自身需求的个性化成长方案。

2. 基于校园的教育研究共同体

教育研究共同体是区域教育科研人员为了共同目标，自主策划、组织和实施的研训教一体活动，是实现群体共同成长的一种活动组织形式。具体是指在共同体目标引领下，根据"分级、分层、分类"原则，按照校课题研究的主题、类别和学校科研发展层次，采用自愿与统筹相结合的方式，将教师群体划分为"区域共同体、类别共同体、学段共同体"三级教育研究共同体，实施"轮值""交流""个性服务"等运作机制，采用观摩、沙龙、论坛、讨论等培训方式，提高教师科研意识和能力。其运行原则是"情投意合、同类微调、分级分类"，实施办法是三级共同体的自运行机制和区域科研管理部门对共同体的支持方式。

（三）现代区域研训教一体化教师教育模式的云学习路径

云学习具有针对性、开放性、交互性、及时性和相对真实性的特征。其主要有主题式云学习和碎片化云学习两类。

1. 主题式云学习

主题式云学习是用学习刺激启动学习者内在学习需求，进而通过网络研讨推动学习者进行信息加工与反思，最终通过线下教研让学习者把学习内容的理解回投到自我认知系统中，矫正原有认知的学习方式。在云端学习中，主题式云学习活动由"启动""深入""回归"三个环节构成，并呈环状结构。启动环节即问题环节，是当学习者的内在学习需求遇到恰当的外界学习刺激时，被激发或者被唤醒，并启动相应学习动作的过程。深入环节即内化环节，是学习者对输入的学习刺激进行理解、加工、分析与反思的过程，是在定向刺激的主导下自然发生的过程。回归环节是学习者把对学习内容的理解重新投射到自我认知系统的过程，是外在刺激与内在原有经验之间相互交互与碰撞的过程，是心理对认知执行结果进行检查、评定，进而修订、矫正原有认知的过程。主题式云学习的指导策略主要体现在关注云端学习内容投放的针对性、关注线下教研的个性化和关注资源库建设三方面。

2. 碎片化云学习

碎片化云学习是一种基于个体刺激的碎片化学习模型。云端学习场提供的各类学习资讯就是最有效的新异刺激，它引起学习主体的无意注意后形成学习的触发点。"接触—加工—理解—应用"是碎片化学习的基本流程。碎片化学习是感官在获取信息时把新旧经验联系起来，促进新知识形成的过程。在云端学习场中，通过各种媒介为学习者提供了丰富多样的学习信息，让学习者在检索、对比、碰撞、思考的过程中逐步用自己的原有经验去判断、筛选、取舍，从而产生新认知。碎片化云学习的指导策略主要体现在两大方面：一方面，碎片化资讯的投放策略，如保证学习资讯的领先性和多元性，资讯的投放需要有体系地进行；另一方面，碎片化研修的话题策略，要根据需要提供不同的话题，如聚合话题、演绎话题和共生话题。概言之，云学习路径大力挖掘技术在教师教育中的特有价值，将研训教一体化的理念和思路充分融入云学习的路径中。

三、现代区域研训教一体化教师教育模式的创新机制构建

（一）现代区域研训教一体化教师教育模式的认同机制构建

实施路径的建构、资源和任务的优化组合等"有形"策略，是保证现代区域研训教一体化教师教育模式生效的必要条件，而观念的认同、思想的统一等"无形"举措则是决定区域研训教一体化教师教育模式能否持续和真正发挥作用的前提。现代区域研训教一体化教师教育模式的认同需要在教师教育者和教师教育对象两个维度同时建构，如此方能保证模式协同推进。

在教师教育者方面，拥有多重职能的研究员认识到研训教一体化教师教育模式转型的必要性和价值，引导研究员摒弃单打独斗、互不干涉的工作模式，不再固守已有的狭隘的工作领地，融通研、训、教三者的理念和技能，一切以教师专业发展为目的，积极自觉由仅负责某一方面任务的工作人员转变为全力促进区域教师专业成长的服务者。只有教师教育者坚定支持并真正参与到研训教一体化教师教育中，将贯彻研训教一体化教师教育模式作为自身的内在自觉，现代区域研训教一体化教师教育模式才能有效实施。在教师教育对象层面，其对这一理念和模式的适应和认同也极为重要。要通过理念浸润、经典案例展示等手段，引导中小学一线教师转换思维，明确研、训、教三者融合推进对自身专业发展的意义。与教师教育者一样自觉将自己从研、训、教三个相互分割的模块中抽离出来，投入研训教一体化模式中，主动与区域教师教育者沟通，协力完善并促成现代区域研训教一体化教师教育模式的实行和生效。教师教育者和教师教育对象两大主体对现代区域研训教一

体化教师教育模式认同机制的建构是实施这一模式的前提，应优先建立这一"无形"的机制，与"有形"策略一并保障现代区域研训教一体化教师教育模式的运行。

（二）现代区域研训教一体化教师教育模式协同机制的构建

现代区域研训教一体化教师教育模式区别于传统区域教师教育模式的最大特点就在于其"协同性强"，打破了以往研、训、教三者孤立分散的局面，将三者融为一体，优势互补，形成合力。因此，协同机制是维系现代区域研训教一体化教师教育模式成功的关键。这一协同机制并非局限于研、训、教三者，而是全要素、全系统的协同，主要包括教师教育内容设计中研、训、教内容间的协同，教师教育机构组织形态、人事和职能间的协同，教师教育活动开展过程中人、物等各类资源要素的协同，教师教育机构与区域各类基层学校、教育主管部门、高等科研院校的协同。

教师教育内容设计中研、训、教内容间协同指在现代区域研训教一体化教师教育过程中，教师学习所依托的内容不再分裂为研、训、教三大组块，而是以教师专业成长阶段的需求为设计原则，化三为一，协同处理三者各自的内容要素，以问题化、系统化、集约化的内容形式呈现，为教师带来精简有效的学习媒介。教师教育机构组织形态、人事和职能间的协同是现代区域研训教一体化教师教育模式中最为直观和最易操作的机制之一。组织形态和人事职能的变革直接涉及各方利益，影响研训教一体化教师教育改革的进程，因此应科学设计、稳妥推进、谨慎对待。教师教育活动开展过程中人、物等各类资源要素的协同指为了有效促进教师教育质量的提升，统筹教师教育活动涉及的各类资源和要素，要加强顶层设计，高位谋划，充分考虑各要素的特点，最大程度发挥各要素对于教师专业发展的作用。教师教育机构与区域各类基层学校、教育主管部门、高等科研院校间协同的原因在于，作为小实体的区域教师教育机构，需要发挥多功能、大服务的效果，单一的区域教师教育机构显然难以有效完成这一使命。因此，教师教育机构与区域各类基层学校、教育主管部门、高等科研院校间的协同显得尤为必要。通过与基层学校密切合作，可以携手制订教师专业发展规划；与教育主管部门保持沟通，可以及时制订、调整和优化各类教育政策和管理规则；与高等科研院校的学者专家交流对话，可以提升区域教师教育的理论品质和科学性。

（三）现代区域研训教一体化教师教育模式的保障机制构建

保障机制是促成现代区域研训教一体化教师教育模式落地、生效的关键，学院构建的保障机制分为组织和队伍保障、治理保障、技术保障和文化保障四部分。

1. 构建组织和队伍保障

一是将研训教三个机构合并，将相关职能整合到学院。二是打造扁平化的活力组织。改教研员、师训员、科研员为研究员，研究员身兼三职，改变纵高型组织架构，开启整合内设机构、优化班子成员结构、精简中层干部和引导研究员有序流动的人事改革。三是提升研究员素养。组织研究员参加系统培训、学术会议和跟岗研修等活动，引导研究员进校园、进课堂、进师生。另外，通过研制区域研究员专业标准、建立研究员的流动机制和研究员的多维考核评价体系，提升研究员的专业水平。

2. 构建治理保障

为顺利推进一体化的实施，要优化治理体系，完善治理结构，构建立体、多维的院校一体化、研训教一体化、管办评一体化的"一体化"新格局，在三个"一体化"的格局中，研训教一体化是核心和目标。要重构学院与教育局、基层校（园）、社会、研究员及高等科研院校的生态关系，建立一个既相互支持又相互制约、既自主实践又协同创新的全方位、立体的研训教环境，构筑多元、多方、多渠道参与的治理机制，优化学院治理结构，达成学院治理的民主化。

3. 构建技术保障

要抓住"互联网+"的发展契机，充分利用各种信息技术，实现高技术化和网络化。加强四大平台建设：一是交互式研训一体化平台。以"互联网+"的思维审视研训教方式、方法与手段的变革，开展丰富多彩、适时互动的线上研训教活动。二是资源库学习平台。通过"众筹"方式，解决研训教课程资源、专家资源不足的问题。三是大数据研究平台。以大数据挖掘区域教师教育实践背后的规律和问题。四是信息化管理平台。建立教师专业化发展研训管理平台，实现培训项目、自主选课、学分管理、培训评价等平台管理，加强过程监控，提升管理效能。

4. 构建文化保障

深厚、润泽、有活力的文化，是研训教一体化得以持续创新的源泉。通过培育理论联系实际的思想理念，打造真实性的行为实践文化，引导教师教育者和教师教育对象在实践中应用理论、凝练理论。倡导教师教育者和教师教育对象研究真问题，在真实环境中研究问题，并将研究成果应用到教学实践中，一切研究服务于教师专业发展。另外，还要创建"平等、合作、对话、理解"的研训教文化，以保证研训教一体化教师教育模式持续推进。

第七章　新时期教师教育改革研究

第一节　发达国家教师教育改革

随着知识经济的发展，目前一些发达国家的教师教育改革出现了一些新的变化，具体表现在课程改革的进一步完善以及教师专业化水平的进一步提高。发达国家为了提高教师素质，针对教师队伍实行了全方位的素质教育，构建了教师队伍高层次、高待遇、高标准的教师教育一体化体系。基于此，通过对发达国家教师教育改革经验进行分析，笔者提出对我国教师教育改革的建议。

目前，教师教育在全球的教育行业受到了广泛的关注，一些发达国家已经通过教师教育改革取代了传统的师范教育，并且在改革进程中取得了一定的成绩。经过多年完善，我国教师教育体系的培养质量与水平也有了相应的提高，但其中也存在着一些问题，例如：教师培养的针对性不强、课程改革不够、教育方法陈旧、实践教育质量不够高等。所以，可以通过借鉴发达国家的相关经验，结合我国国情构建一套适合我国教师教育改革的方法，促进我国教师水平稳步提升。

一、发达国家教师教育改革经验

（一）强调课程改革增强教师适应能力

发达国家教师教育改革过程中，最为明显的就是较为强调课程改革。通过在基础课中实施文理科的渗透，更好地促进教师队伍顺应时代发展的需求，掌握更多的科学技术。从某种意义上讲，这是发达国家对教师教育改革工作较为重视的一种表现。发达国家在实施改革的过程中，不断地促使人文科学与自然科学结合。比如，美国在进行教师教育改革过程中，于20世纪80年代在全国范围内实施了文理结合的课程设置，这样的改革方式使全美国的师范生都得到了全面的科学知识教育。再比如，日本在二次世界大战之后，为了能够让国家重新快速崛起，对于教育给予了高度重视。他们认为要取得较好的教育效果，应该从教师队伍的综合素质方面进行突破，于是他们在课程设置方面特别重视文理渗透，并且在课程设置中包括了人文科学、自然科学以及外语、体育等。同时，还在高等院校的教育中，实施了自然科学与社会科学相结合的教育理念。通过观察与分析我们可以发现，这些发达国家的课程设置拓宽了学科的内容，这样课程设置的目的在于促进教师教育更好地适应未来的发展形势，提高了教师的"多功能"化。两个国家基础学科的教育总课时达到了 50% 以上，而且所采取的学分制基础学科分类也占课程总分数的 50% 以上。与此同时，通过对美国、日本课程设置的分析与研究可以看出，两个国家对于专业基础学科的教育都极为重视，除了要加强师范生的科学理论知识教育之外，对于学生的实践能力的培养也较为重视。这样的改革方式，不仅可以提高教师的专业知识水平，还可以有效提升教师队伍的从教能力。

（二）改变师范教育结构有效增强教学能力

分析研究表明，一些发达国家为了提升其在国际上的竞争实力，特别重视教育的发展，他们纷纷把师范教育作为突破口，改变教师教育的结构，从较大层面上提高了国家的教育层次。比如，美国的中小学教师队伍，都是由综合教育学院毕业的学生组成，甚至近几年美国对于中小学教师的要求已提升到了硕士以上的教育层次。日本同样在 1985 年就开始针对中小学教师设置了硕士课程，近年来也相应地设置了博士生的教育课程。从这些方面来看，发达国家在进行教师教育改革时，都有意识地提高了师范教育的层次，从而有效提升了其国家教师的知识水平以及教学质量。

（三）制定激励机制改善教师待遇

分析发达国家的教师教育改革可以发现，美国通过改善教师的待遇稳定教师队伍，不仅增长了教师的工资，还为提高其师范教育质量制定了相应的制度。比如，美国规定了只有取得硕士或者博士学位的学生，才能从事教师工作；制定了教学评估以及奖罚机制等。这些行之有效的制度提高了美国师范教育的学术性以及教育层次。英国也同样坚持改善教师待遇，并且大力支持优秀人才加入教育队伍，以此来提高英国教师队伍的综合素质。

（四）实施职前培养与职后培训模式

发达国家为了更好地提高教育实力，通常会结合国家师资力量来开展相应的培训。这种培训模式主要划分为职前与职后培训两种模式，通过这两个培养模式，可以促进教师教育改革的深化。发达国家的教师教育改革，倡导教师职前培养以基础理论为核心，把重点放在素质培养以及能力培养方面，以帮助师范生掌握扎实的基础理论，并且可以协助其明确发展方向。在学生入职之后，还要加大对学生实践能力的培养，有效提升教师的从教能力与水平。对于职后培训模式，发达国家是要求在入职后定期参与相关的培训，使其能够及时地掌握新知识，鼓励教师进行终身教育与学习，提高教师的综合素质，增强国家的教育水平。

二、发达国家教师教育改革对我国的启示

（一）从定向型教育转变为开放型教育

通过对发达国家教师教育改革的分析，可以发现目前全球的教师教育的发展呈现出一个高速、稳定、高效的趋势。所以，应该针对发达国家相关改革经验进行分析，并结合我国国情加强创新，促进我国高师院校的改革与发展。分析发现，发达国家的教师教育的初始阶段都是以定向形式开展的，也就是设置了专门的教育机构来培养教师。美国在20世纪开始改变了原有的定向型培养模式，逐渐转变为开放型培养，把原先设置的专门培养教师的机构发展成为综合性较强的院校，教师教育在这些综合性较强的院校中只是一个组成部分。目前，在美国和英国已经没有了专门的师范培训院校，学校只要具备相关的教育资格，就可以设置教师教育专业，日本的师范教育大学也在逐渐减少。从这些发达国家的教师教育改革的研究中发现，传统的定向型教师教育已经不适合当前社会发展的需求。虽然定向型的教师教育模式，可以依照教师需求有计划地进行，但是不利于教师知识认知以及从教能力的提高，并且定向型教师教育所培养出的教师的适应能力不强。转型后的开放型教师教育，几乎能够让所有属性的高校都可以开展教师培养。同时，还可以借助不同属性高校所具有的特色，针对不同类型的教师进行培养，有效提升了教师培养的实效性，最大化满足了社会对不同类型教师的需求。我国在过去的教育中，主要采用的还是定型教师教育模式，近年来经济高速发展以及教育改革不断深入，促使我国的教师教育必须进行转型。国家相关部门制定了相应的策略，提倡一些具备综合性办学特色的院校以及非师范院校参与教师培养。同时，对一些地方性综合院校，鼓励其开办师范学院并参与到中小学教师培训当中。我国的一些综合性大学已经逐渐开始设置教育学院，一些高等师范院校也开始与综合性院校合并。这些现象都表明，我国目前的教师教育已经开始从定向型教育模式向开放型教育模式转变。

（二）改变教师教育层次提高教育质量

通过分析发达国家教师教育发展过程，我们可以看出所有发达国家都经历了中等师范学校阶段。但是随着社会的发展以及教育质量要求不断提高，发达国家在开展相应的培养过程中，呈现出了层次分明的转变。对于某些发达国家而言，其开展的教师教育已经由本科发展到研究生层次。在发达国家中已经不存在中等师范院校，教师教育整体已经延伸到了大学以及研究生层次结构。我国的教育相关部门在1999年也发布了相关的调整建议，提倡我国的教师教育结构应该逐渐由城市向农村、从沿海向内地进行调整，加快三级师范教育转向二级教育的步伐。调整后，我国的教师教育改革的重点将集中于提升高等师范院校的教育层次上，这项工作有待我们一起探索，寻找出一条适合我国当前发展需求的教师教育改革道路。

（三）实现教师培养与培训一体化

我们发现，长期以来几乎所有国家的教师培养与培训都处于一个相对分离的状态，也就是培养是师范院校的责任，培训则是教师培养专门机构的责任。第二次世界大战结束之后，教师培养与培训逐渐呈现出了统一的趋势。从我国的教师培养与培训机制分析，我国的教师培养与培训同样是处于分离状态。这种分散的形式一方面不利于教师教育资源整合，很大程度上增加了教育成本，另一个方面也不利于教师终身学习。因而，我国应该借鉴发达国家相关经验，加强教师职前以及职后教育，促进其职业发展，实现教师培养与培训一体化。

（四）提高培育质量促进职教及适应能力的提升

长久以来，教师一直被当作一项职业进行发展，在培养过程中比较关注其所教学科的知识，传统的师范教育主要基于职业定向教育，培养学生对此职业的热情与积极性。20世纪50年代以来，各国对教师素质都提出了更高的要求，对教师教育的要求也越来越高，许多国家都开始针对教师进行了专业的培训，通过专业化、系统化的培训，让本国的师范生能够更好地对基础文化知识进行全方位了解，从而内化为更多的学科专业知识及技能。在此过程中，结合教育学科相关知识点开展专业培训，可以有效提高培育质量，同时也可以促进其职业适应能力的提升。

（五）合理调整课程设置

当前我国师范类院校主要以职前培养为主要目标，为了提高教师的综合素质，需要将能力培养与素质提升相融合，促进教师素质全面发展。需要及时分析当前我国师范类院校课程体系缺少灵活性与多样性的根本原因，并寻找到一套适合于我国经济社会发展的培养模式。特别是对于课程结构不合理的问题，必须要给予重视。通过合理调整课程设置，培养更多具有创新精神和创新能力的新型师资。所以，在改革各层次师范院校教学内容的过程中，应该加强文理科教学内容，通过文理科知识渗透的方式，让师范生的知识面得到拓展，有效提升其实践能力。通过调整课程设置，实现不同素质协调发展。特别是在开展教育心理学相关内容培养时，必须要与时俱进，为师范类院校增设教育科学研究等课程，加大对师范专业学生的实践能力与创新能力的培养力度，为其后续从事教育工作奠定基础。

（六）围绕质量为本的中心加强教师教育品牌建设

发达国家的中小学教师，超过九成都是在综合性大学的教育学习中完成培养的，其在综合性大学教育学院不断转型过程中，学术性与专业性也开始逐渐相互融合。在发达国家教育体系中，低层次的中师结构已经成历史，培养中小学教师的机构资历越来越高。比如：法国早已意识到教育活动的作用，想要通过其活动作用构建教师品牌，并发挥品牌效应促进国家教师教育改革，为此，法国在进行中小学教师培养时采用了四年制，与普通大学生享有相同的教育年限。再比如，日本为了更好地提高教师培养质量，将中小学教师培养工作交给了大学院校，通过与名校合作的方式，设置了具有针对性的研究性课程。其主要目标是提高中小学教师学历层次以及教育综合能力，方便更多在职中小学教师开展岗位研修。此外，为了切实提高质量，许多发达国家在教师教育过程中，非常注意基础课的教育，还加大了文理知识的渗透与融合力度，以让更多教师具备高水平专业化的综合素质。比如，一直以来美国对于课程改革都非常重视，其通过不断改革提高教师教育质量，在此过程中，美国通过文理渗透的方式，制定了有效的改革和调整教学的办法，并设置了具有针对性的"文理核心课程"。因此，我国应该结合国情实际，适当地调整教师教育内容，并通过构建教师教育品牌的方式，促进我国教师队伍全面发展。

随着社会发展以及知识经济时代到来，教师教育受到了广泛的关注。教师教育的培养模式不断被世界各国的学者探索与完善。通过借鉴发达国家的经验，可以有效地推动我国教师教育的改革，促进我国教师教育更加专业化、一体化。

第二节　教师教育改革共同体

共同体更多强调"想象的存在"，人是必须过共同生活的，共同体是维系人存在的精神家园。虽然现代社会中，维系传统社会联系的纽带逐渐融解，传统意义上的共同体也逐渐消散，但重建共同体始终是现代社会的理想。教育改革是全方位、多元化的系统工程，需要教育行政部门及官员、教育机构和领导、教师、学生及家长乃至社区成员、社会大众等几乎所有改革利益相关者在共享的改革愿景与价值观感召下，为提升教育品质，促进学校、教师和学生的发展，通过民主参与、体验共享、合作对话和实践反思等方式，积极建构改革共同体。处于深刻转型和变迁中的教师教育，尤为需要珍视和培育共同体精神。这既需要教师教育改革设计者的政治智慧，亦应成为每一位改革行动者的自觉追求。

一、价值·学科·学术·学习：教师教育改革共同体的要素

迈克尔·桑德尔区分了工具性、情感性和构成性三种不同层次的共同体：完全出于个人利益需要而结成的只是工具性共同体；情感性共同体的成员对群体充满依恋，共同体部分地内在于主体之中；构成性共同体因塑造人们的身份认同而体现出最深刻的共同感。依托教师教育改革这一特殊场域的特定形态及实践逻辑而形成的教师教育改革共同体，既有教育改革共同体的共性，又有其自身的独特性质，对教师教育改革与发展的意义不言而喻。

（一）共享改革愿景，凝聚价值共同体

共同体非松散组织结构其成员对群体有归属感、信任感和安全感。行政系统下的院系、教研室（组）等都不必然成为共同体。人们虽然会遵守和执行改革指令，但若不是出于对

改革的认同和热情投入，而仅仅出于受约制而不得不为，那么，个体很难因追求改革给自己带来的快乐和幸福而自由地加盟共同体，甚至会因失望、不满而游离于外，所谓"身在曹营心在汉"。改革行动者对改革的认同感、对承担改革之责的组织或群体的归属感会在很大程度上影响其改革的积极性和创造性，直接影响其是否能够自觉地将个人发展与组织（群体）发展及改革成功融为一体，正如萨乔万尼所言："共同体是个体的集合体，这些个体基于自己的意愿紧密联合起来，共享一些观念与理想。这种联合会使一群个体的'我'转型为集体的'我们'。在成为一个'我们'之后，每一个成员都是紧密编织的有意义关系网的元素之一，这一个'我们'通常处于一个共同的地方，维持一段时间，分享共同的意义、情感与传统。"作为维系成员重要纽带的亲密感、归属感是建立在价值认同和愿景共享的基础上的。现代社会的共同体不是建立在纯粹的地域基础上，唯有依靠共同价值才能塑造和凝聚饱含情感依恋和身份认同的共同体。愿景是组织成员共同持有的意象或景象，能体现组织内大多数人的价值观，是基于个体成员广泛认同的信仰、理念并通过沟通、交流达成的强大感召力，能够将成员的远大理想和共同追求融合在一起，从而使群体和组织产生源源不断的向心力和凝聚力。在共享价值观与愿景的引导下，个体对群体的归属感、对目标的认同感才能不断增强，才能自觉地努力融入组织、群体和集体行动之中。

在教师教育机构组织中，若个体各自为战，彼此孤立、疏离，甚至自生自灭，改革主体将难以对改革产生高度认同感，也难以将组织、群体视作彼此共同的"家园"，相互间只是相识的"同事"，而非平等相待、互相信任、密切交往、真诚对话、乐于分享、友好协商、精诚合作、共同追求的"亲密伙伴"。教师教育改革共同体应该是满怀教师教育理想的价值共同体。无论在组织还是群体意义上，任何一项改革的发起者、参与者、行动者等都是由有着不同价值追求和精神需求的个人组成的，改革首先需要塑造"共享的规范和价值"，即改革行动者对于教育、教师角色、学生、教师教育、学习教学等持有共同的假设，致力于维护组织和群体的利益，只有这样，不同行动者的改革理念、价值目的、行为方式才能被规范和整合，从而使个体在改革行动中拥有共同的价值追求和愿景。

（二）投身学科建设，凝聚学科共同体

20 世纪 90 年代以来，在取消中师、改制与合并教育学院、综合性大学参与教师教育、高师院校积极谋求综合化发展等改革进程中，教师教育的大学化和专业化日益突显；但这并不意味着教师教育在现代大学学术框架下的学术地位能够天然地获得制度保障和情感认同。虽然近年来成立教师教育学院、设置教师教育专业、改革教师教育课程等改革举措为新型教师教育机构彰显教师教育学科在大学学科制度体系中的地位提供了有力支撑，同时学术界对创建"教师教育学科"进行了深入思考并提出了不少有价值的观点，强调在我国教师教育走向大学化的现实语境下，"教师教育学科建设是一种必然的选择"，但是，教师教育作为二级学科尚未获得独立学科的合法身份，人们对教师教育能否构成一个学科知识体系及其学科性质、学术性学科的地位等问题还存在较大分歧，这也是目前无法回避的现实。

学术是大学之魂，学科是大学最基本的元素，对集聚人才、引领人才培养具有定向与规范作用。独立的知识体系是学科合法性的核心与基础，在此意义的基础上，学科又延伸为"由专门化知识群体结成的学界或学术组织"，成为"一种联结化学家与化学家、心理学家与心理学家、历史学家与历史学家的专门化组织方式"。托马斯·库恩认为，在由学有专长的实际工作者所组成的"科学共同体"中，其成员"因他们所受教育和训练中的共同因素结合在一起，他们自认为也被认为专门探索一些共同的目标，也包括培养自己的接班人。"当前，奋战在教师教育改革实践前沿的行动者，就其学术训练背景而言，大多是接受过教育学、心理学一级学科下不同二级学科的学术训练（如"教育学原理""发展与教育心理学""比较教育学""学科课程与教学论"等）的，对"教师教育学科"并不拥有天然的归属感。目前，大学的教师教育专业人才培养（特别是"教师教育方向"或"教师专业发展方向"的研究生学位点）仍依托于"教育学原理""课程与教学论""成人教育学"等二级学科。欲对"教师教育"这个有着双重学科基础（即教师任教科目的学科基础和教育学科基础）的知识领域形成稳定、清晰的学科归属感和学术认同感，委实不易。在教师教育专业人才培养方案的制定过程中，围绕课程设置所产生的意见分歧主要源于对教师教育作为独立学科其应具有的知识体系缺乏共识，并由此衍生出权利和利益之争。

教师教育的学术地位取决于教师教育学科建设水平，教师教育改革需要凝聚对"教师教育"情有独钟、自觉为教师教育发展贡献才智的志同道合者，积极组建一支具有多学科背景、足以支撑教师教育学科建设与发展的专门研究人才队伍，形成跨越时空的"理智共同体"，推进多学科视野的、全方位的教师教育研究。

（三）弘扬教学学术，凝聚学术共同体

大学是探索高深学问的学术共同体，"学术就像一个'场'抑或一种'域'，学者一旦置入这种'场域'，其思维转向、价值取向以及行为方式等诸多方面，都表现为以学术为轴心的生存逻辑，甚至学术会成为其生活内容的全部。""从理想的层面看，大学在本质上应该为学术而学术，为科学而科学，对真理的向往不会因为外在环境的变化而改变。"

需要强调的是，大学主要以培养高级专门人才的方式致力于探索高深学问、发展学术事业；大学的学术不仅体现在发展知识、探索真理，更体现为人才培养，在育人过程中不断传承和创新学术。从这个意义上说，"培养人"是大学学术发展的逻辑起点和终极目标。欧内斯特·L.博耶将大学学术活动划分为"探究""整合""应用"和"传播"四种类型，区分了"发现的学术""综合的学术""应用的学术"和"教学的学术"，强调大学不仅应继续成为发现新知的中心，而且要重视整合知识、应用知识的学术，应给予传授知识的"教学的学术"以尊严和地位，促进学科交叉与融合，推动理论与实践紧密结合。博耶将"教学"从一项个人化的经验性工作提升为一种学者共同体内部共享、交流和探究的学术性活动，增进了人们对教学工作的学术价值的认识，也促使我们思考教师教育改革中"教

育学术共同体"建设的重要性。

共同体绝非简单地由聚集在一起的一群人形成的这么单纯，学术共同体亦非实体性的社会机构，但犹如一只"无形的手"，会深刻影响学术人才的成长和学术知识的发展。在教师教育大学化背景下言说的"教师教育机构"（作为独立法人的院校或院校内部的二级院系）应积极营造尊重教学、崇尚"教学学术"、提倡教学创新的良好氛围，激励和保障"以教学学术为追求"的价值追寻，努力创建"教师教育学术共同体"。教师教育改革行动者亦应在提升教学学术的理想召唤下，主动融入大学学术氛围，发自内心地热爱并自觉献身于"教学学术"。这一价值追求在大学组织架构与管理模式日益行政化、科研考评日趋量化和数字化的今天，尤为值得推崇和珍视。构筑超越纯粹工具考量、包含强烈情感依恋、确认成员身份认同的"教学学术共同体"应成为教师教育机构的追求目标。

（四）倾心专业发展，凝聚学习共同体

21世纪以来，"教师专业发展思想的一个重要转向就是将关注的重心从'个人化的努力'转向'学习者的共同体'，在共同体中，教师通过参与合作性的实践滋养自己的教学知识和实践智慧。"当"共同体"成为描绘中小学教师专业发展美好愿景中频繁出现的概念时，作为"教师的教师"，大学教师教育者有必要扪心自问我们自身是否已率先垂范？事实上，诸如"同备一节课""同上一节课""同听一节课""同评一节课"的"同课异构"形式的研讨课、公开课等在中小学教师专业发展中如火如荼开展的活动，在大学化的教师教育中并不多见，这对于居高临下般"指导"中小学教育教学的大学教师教育来说，无疑极为讽刺。

由于僵化的学科划分、竞争取向的评价制度以及"我的教室我做主"的工作场景，大学教师单兵作战、自我封闭的教学习惯远甚于中小学教师，同事间关系冷淡、情感疏离、缺乏互信甚至恶性竞争的情形亦不鲜见。20世纪80年代，西方学者哈格里夫斯、沃勒尔、迈克·富兰等不约而同地指出，教师间缺乏合作的隔绝状态及其衍生的"教师马赛克文化"极其不利于学校和教师发展，"在一个急剧变化的社会里，新观点、知识的创造、探究和分享对于解决学习问题至关重要"，"合作对于个人的学习非常重要……个人的力量在有效的合作中将变得更为强大"。学习是大学最基本的内容，学生和教师都在不断吸收新知识、新思想，这一点毋庸置疑和担心；但大学又因承担神圣的教育使命而不同于单纯的学术研究机构，大学的改革、创新不仅需要个体学习，更需要组织学习。为此，教师教育改革应着力于在共同体的脉络中，铸就团结、融洽的教师教育者专业学习与发展共同体，不仅建立教师学习组织，鼓励教师之间以互动、共享、协作和批判的精神，加强交流、合作，而且倡导教师与学生共同学习，通过教师之间、师生之间、学生之间的意见交换、感受分享、观念刺激、沟通讨论等真正实现全员性组织学习，积极构建"学习共同体"、"实践共同体"和"专业共同体"。

二、重塑教师教育文化：创建教师教育改革共同体的关键

当前我国教师教育改革正处于范式转型和利益调整之中，价值引领、文化浸润对共同体的凝聚尤显重要。教师教育机构需努力将组织塑造成价值共同体，培育互相信任、彼此关心、民主平等、鼓励合作的组织文化，坚守教师教育的文化操守，积极创建教师教育改革共同体，在不断反思中追求并引领教师教育改革走向卓越。

（一）设定合理的改革目标，构筑合作型同事关系，发展亲密感

共同体如家一般温馨而安全，成员间相互了解、信任，彼此依靠、宽容，由此滋长的亲密感令人向往。共同体中的亲密感不是某几个成员间的私人性亲密，而是建立在私人性亲密之上的"团体亲密"。教师教育改革不仅需要设定合理的改革目标以赢得行动者的理解、拥护和支持，而且在教师教育机构内部还需努力建设更充分的亲密关系，维持和保障各种关系的平等性（因为不平等的关系绝不可能诞生亲密感，也绝不可能产生共同体意义上的合作），积极地将孤立、冷漠和疏离的教师个体主义竞争文化或人为合作文化转型为关怀、对话、信任和分享的教师合作文化，将"同事关系"升级为"伙伴关系"，营造共同体氛围，切实推动共同体建设和教师教育改革的实质性发展。

（二）革新教师评价及管理方式，加强制度建设，发挥制度对共同价值的塑造作用

过分强调个体竞争的管理模式必然衍生出基于竞争的同事关系，导致相互闭锁，知识、信息、优质资源、创新思想等都难以在群体中流动。在教师教育课程教学中"集体备课"难以坚持、流于形式的根本原因在于单纯注重教师个人业绩表现的评优奖惩机制在根本上无助于教师文化的整体改进，甚至会助长对改革的阻碍。教师教育改革必须在变革教师评价及管理方式上寻求突破和创新。新的评价系统应强调教师自我评价和学生评价，组织评价亦应侧重个体对共同体建设的贡献率，而不仅仅是个人学术水准等。新的评价系统还需相应的制度保障（如集体备课制度、集体教研制度、集体评课制度等），并通过制度化的合作活动确保个体成员间的基本接触时间及成效，从而既能够为发展亲密感提供必要条件，又能够有效地规范和约束教师行为，促进共同体的生成。

（三）深入挖掘教师教育文化内涵，弘扬师范院校优秀传统

共同体建设是一个漫长的过程，最终决定其成熟并有效运行的，是在共同体形成过程中逐渐产生的文化传统。从制度走向文化是教师教育改革成功的基石，也是促进教师教育可持续发展的不竭动力。师范院校综合化发展进程中逐渐衰微的"师范精神"正是今日教师教育改革中亟须挖掘和存留的宝贵精神财富。摒弃教师各自为战、充分尊重和发挥集体智慧，相互协作、联合开展教学研究，实现资源共享、优势互补的"教研文化"应成为教师教育文化最核心的内涵要义；当前，我国大学教师教育改革实践亟须弘扬和扶持这一传统，重塑并提升深厚的教师教育文化，引导和促进教师教育者明确事业奋斗的方向，向着

"教书育人"的理想境界进发。

无论师范院校的综合化发展程度如何，"举全校之力兴教师教育"之风尚永远弥足珍贵。教师教育机构应根据教师教育的学科融合特色、实践取向特色，形成资源共享、相互借鉴、协同研究、共同发展的良好机制，积极创建融学习、学术、学科共同体为一体的"教研共同体"，使其成为教师教育者专业发展的主阵地；通过开展形式多样的同伴互助教研活动、构建跨学科的教研网络、建立综合性教研共同体，促进教师教育者们分享体验与困惑，探索教师教育实践模式与方法，推动教师教育理念创新、内容整合、方法变革，最大化地发挥个体和集体的潜质与功能，凝练优质教师教育文化；以独特而厚重的教师教育文化引领教育对真善美、公平正义以及卓越的不懈向往与持续追求。

"今天，'共同体'成了天堂——它是一个我们热切希望重归其中的天堂，因而我们在狂热地寻求着可以把我们带到那一天堂的道路——的别名。"对现代人而言，"共同体"意味的并不是一种我们可以获得和享受的世界，而是一种我们热切希望栖息、希望重新拥有的世界。尽管如此，我们仍然憧憬着"共同体"这个词带给人们的美好感觉：温馨、安全感、友爱、理解、没有嫉恨、相互信任、彼此依赖等，依然坚信教师教育改革共同体的建构值得期待和努力，即使只能作为一种理想去追求，也仍然对教师教育改革以及教师教育者的生存与发展不可或缺。

第三节　教师教育改革与教师专业身份的重构

从社会对人才的期待与需求看，我国基础教育改革注重课程融合是发展趋势。教师是推动教育改革的关键因素，教师身份是教师工作与生活自我认同的标志，教育改革能否取得成功很大程度上依赖教师专业身份的发展。当前，我国教师专业身份受学科中心主义的影响，无法适应课程融合的需要。免费师范生教育作为教师教育发展的新方向，通过突破学科中心主义影响，强化通识教育发展，成为教师专业身份重构的重要路径。但教师专业身份重构是个系统工程，需要进一步推动教师教育深入改革。

随着信息化及全球化的到来，为社会培养人才的教育也必须面对信息化与全球化的挑战。这是当今教育改革的基本方向与逻辑，也是世界教育改革的发展潮流。教师对教育改革无疑起关键性作用，而教师的身份问题是教师工作与生活的基本面向。教师身份的定位既关系教师自身的发展，也关涉教育改革。因此，在信息化与全球化的背景下，探索教师专业身份的发展问题及与之相连的教师教育改革问题，无疑具有重要的理论与现实意义。

一、社会对人才的期待与教育改革

社会发展、人才需求及教育改革三者具有明显的逻辑关系，是任何国家都必须面对的现实问题，这种相互依存、相互促进的依赖关系在信息化与全球化的时代越发明显。众所周知，不同的社会制度及经济发展模式赋予了教育不同的使命与性质。自工业革命以来，教育为了适应经济发展的需要，在人才培养上逐渐普及化与制度化。今天，教育已经不再注重效率优先，而是发生了从重量到重质的变化。随着信息时代的到来，国家之间的竞争是人才的竞争，教育成为了各国提高竞争力的重要手段，因而探寻教育改革便成为制度改革的常态。教育改革的目的是回应社会发展对人才的需求，这既是社会发展的方向，也是教育自身发展的必然。过去的20多年，教育改革问题已经成为世界各国共同面临的问题，教育改革实践如火如荼地开展，甚至有学者指出，教育改革本身就是社会改革，教育改革的进步与目标方向体现了国家发展方向及政策体制的效率。当然，受文化传统、经济发展水平及社会现实等多种因素的影响，各国教育改革的路径与方向各不相同，但其目的与结果基本上是殊途同归的，即全面提高社会个体及全民族的综合素质，以适应信息化社会对人才发展的期待与需要。

全球化与信息化的到来，对人才素质提出更高的要求，但到底需要怎样的人才，换言之，必须分析人才素质的具体要求，才能提高教育改革的效能。第一，从理论上看，信息社会的发展使得信息本身成为经济社会发展最重要的资源要素，生产方式及生产力也是围绕信息展开的，这就要求社会个体必须具备终身学习的能力及信息运用的综合技能。第二，在信息时代，科技的快速发展使得科技本身分工细致但又高度综合，在学科门类分工日益细化的同时，各类边缘、交叉学科也不断发展，知识分工与知识综合交替进行，这就要求人才必须具备广阔的视野，能够综合运用各类知识解决现实问题。

二、教师专业身份的发展

教师是教育改革的参与者与具体的执行者，教师素质的高低及自我身份的认可程度决定了教育改革能否推进，也决定了人才培养质量的好坏。任何教育改革如果离开了教师的参与和配合都是难以成功的。尽管在当下，教师的素质在很多时候饱受批评，但不可否认教师是教育改革的主体力量，教师及教师的专业发展是教育改革的关键因素。对于教师及教师的专业发展，我们可以借用"身份"这个视角来分析。教师的专业身份无疑能够解释教师专业发展，毕竟教师专业发展的准确定位关系教学的效能、质量等问题。因此，对教师专业身份的重构是教育改革必须经历的过程。

（一）教师专业身份的含义

"身份"是一个极其复杂的社会学及政治学概念，在不同的语境、文化背景下，人们对它的理解也有所不同。但从根本上看，"身份"需要界定"个体是什么"，也就是社会个体对自身及他人对其评价的一种外在表达，既包括社会个体对"我是什么"的理解，也包括社会他人对"谁是什么"的一种认知，具有个体性及社会性的双重属性。与此相对应的是，在对"身份"的认知上，有两种截然不同的观点：本质主义与建构主义。本质主义认为"身份"是个体的内在表达，是固定不变的，无须外力去建构；建构主义认为，"身份"是社会个体可以利用社会资源去建构的一种符号，这种符号表达的形成是个体理解自己及他人理解自己的一种外在表达。显然，建构主义更具有解释力。

"身份"视角完全可以用于教育学领域，是教师在教学实践中必须面对的问题。尽管当前人们对教学的专业性及教师的专业性仍有疑问，但教师的专业发展却是毋庸置疑的，也是教师发展的大趋势。所以，在教育改革的背景下，教师专业身份的形成过程、发展方式及归属特点成为教育改革不可回避的问题。笔者以为，教师的专业身份可以理解为教师个体对"教师是什么"的回应，包括自我认知及他人评价。教师自我认知包括"在教学中是什么""在学校里是什么"以及"在学生心目中是什么"的回答，是个人层面的内容；他人评价包括社会、制度体系对教师的定位与期待，是社会层面的内容。两个层面共同构成了教师的专业身份，表达了对这一身份的价值判断。

（二）教师专业身份的建构

教师专业身份建构问题既是社会问题，也是教育的问题。从社会角度看，教师专业身份建构具有社会性、公共性的特点，必须与其所处的社会、制度、政策及文化体系紧密相连，同时也受其制约。从教育的角度看，教师专业身份建构有其个体性、独立性的特征，也就是说其本身有特定的发展规律与逻辑。正因为如此，我们可以从个人与社会两个层面来分析，探讨教师专业身份建构问题。社会层面的建构主要是教育制度、政策体系对其影响与规范；个体层面的建构主要是基于教师的个人发展与思考，围绕教学理念、学科关系、师生关系等方面开展的。

众所周知，教师的日常工作与教学实践是基于其教育内容而进行的，其所教授的课程内容在很大程度上影响了教师专业身份的建构过程。在实践中，我们看到，很多教师对自身专业身份的认知是从其所教的学科开始的，学科身份是其首要身份，学科的差异导致身份的不同。如果某个教师不再教授该学科，同类学科的教师就会视其为局外人。如果外在的要求与教师专业身份不一致的时候，教师本人就会从学科上对身份质疑，甚至是有危机感。比如当课程融合时，教师身份模糊，不知自身所属学科，就会影响自己的专业身份定位。同时，学科在教学实践中地位不同或是教师在教学中的地位不同，也会影响教师身份的建构，比如有主科教师与副科教师之分，教学经验丰富的老教师在学校的地位会高于同学科的年轻教师。

（三）当前我国教师的专业身份

从当前中国教育实践看，尤其是基础教育，教师普遍对以学科为中心建构的专业身份表示认同。当然，这种认同感的形成经历过长期的演变与发展。新中国成立以来，基础教育中的学科中心主义不但体现在宏观的教育政策、法律制度上，而且在社会民众心目中也是根深蒂固的。学校的教学与管理工作也基本上是按照学科分工来组织进行的，学科之间地位、资源等方面存在巨大的差异。尤其是在应试体制下，学生的成绩始终是教学与管理工作的核心问题，也是整个社会及制度对教师工作的评价标准，在此情况下，教师的教学工作主要是向学生传授其所教学科的知识，想尽一切办法来提升学生的考试成绩。教师的工作、生活也基本上是围绕其从教学科而展开的，其专业身份与其从教学科紧密相连，比如我们通常称呼的语文教师、外语教师，这些称谓就是对其专业身份的定位。正是如此，导致了不同学科教师之间各自独立，无法进行沟通交流，更无法进行合作，跨学科教学自然就成为奢望。这种根植于制度上的学科分工无益于学生对综合知识的掌握与学习，更是强化了教师对该学科的人身依附，局限了其知识视野与生命内涵。20世纪90年代以来，发达国家进行的以课程融合为标志的教育改革已经逐步成为世界潮流。为此，2001年教育部颁布了《基础教育课程改革纲要（试行）》，在新课改文件中倡导学生在学习中要主动参与、乐于探究获取新知识及解决现实问题，并且提出要改变课程以学科为中心的结构模式，改变当前基础教育科目过多的问题，注重学科、课程之间的融合，倡导基础教育设置综合课程。由此可见，学科中心主义与新课改的课程融合要求是不相符的。但令人遗憾的是，新课改实施多年来，由于种种原因，我国的学科中心主义状况依然没有得到根本的改变。

三、教师教育改革：我国教师专业身份重构之路径

我国教师教育的现状及其对教师专业身份构建的影响。教师专业身份的建构在很大程度上是其学习、实践的结果。当前，我国专业教师身份建构基本上是依赖学习，从制度体系上看，有职前学习与职中培训。其中，师范教育是职前学习的主要途径，师范院校是师范生身份专业化的基本场所，职前学习对教师专业身份的形成在一定程度上有决定性的影响。因此，正确塑造教师的专业身份成为职前教育的主要任务与目标，也是判断师范教育质量高低的基本标准。

2001年新课改提出以来，各学校都非常重视对教师实践新课程能力的培养。教育部在新课改文件中强调，为了适应新课改的要求，必须加强对在职教师的教育工作，教师教育应该调整培养目标与方向、创新教学方法，适应新课改对教师的要求。当然，在实践中，从事教师教育的机构也进行了诸多探索，尝试创新了各种新的教育方式与方法，但收效甚微，教师教育的改革进展与新课改的要求相去甚远。长期以来，我国深受苏联教育制度及细化学科分工的影响，为了紧跟基础教育的学科分工，师范教育也处于按学科来划分专业的培养方式，注重系统性的学科知识传授，目的是培养专业性的学科教师。通识教育在师范教育体系中几乎没有，因为通识教育本质是随意的，与按专业分科的教育是相互冲突的。当然，学科知识是教师专业身份建构的基本条件，但师范教育学科分工的教育体制无法为教师提供复合型的知识体系，此种教育模式尽管可以满足当前教育实践对师资的要求，但很难提升教师的专业素养与综合知识，对教师的专业身份建构是无益的。因此，师范院校的课程改革必须以教师专业身份建构为前提。

教师教育改革与教师专业身份重构。近年来，发达国家教师教育改革的趋势是淡化学

科之间的界限，拓宽教师的知识面，提升教师个体的专业化水准与综合素养。在我国，很多学者也比较赞同这种以通识教育为发展方向的教师教育改革潮流。比如叶澜教授就认为，未来我国教师的知识结构不应该局限于"学科知识＋教育学知识"的狭隘模式，应该从信息时代的全局出发，扩充教师知识结构的层次。换言之，一名专业教师的专业性不能只体现在学科知识及教学技能上，还应该掌握各种综合性的知识，提升自身的教育理念与素养，做到能"教书"，更能"育人"。还有的学者指出，当前中国基础教育进行跨学科教育的条件已经成熟，必须改变师范教育的"专才模式"，积极发展"通才模式"的教育理念与体系。

令人欣喜的是，2007年教育部出台了免费师范生教育政策，顺应了这种"通才教育"模式的要求。根据教育部政策要求，教育直属的六所综合性师范大学实施该项政策，各大学要出台配套方案，突出自身的教育特色与学科资源特色，为免费师范生重构课程体系，实现跨院校的合作，积极推行交叉学科教学及实践。从这六所大学的实施时间来看，其建构的免费师范生培养方案，都强调了建构综合性培养体系的重要，通过大力发展通识教育课程及完善学科融合课程来优化整合教学内容。这显然是一项教育模式的创新，也是教师教育改革的引导方向，有助于我国教师教育改革推动，对重构教师专业身份及教育改革的发展是大有裨益的。

随着信息时代的到来，社会发展速度在加快，社会对人才的需求也是迫切的，因此，对教师教育改革也是极为迫切的。考虑长期以来形成的学科本位中心主义的教师教育模式有着根深蒂固的传统，更涉及诸多现实利益及制度羁绊，因此，要将教师专业身份重构是作为复杂系统工程开展，不能仅依靠几个政策、几项研究去推动，需要教育制度自上而下、从内至外变革、推动、形成。

第四节　应对基础教育变革的教师教育改革

教师教育作为基础教育的母机，其发展水平直接关系基础教育师资的数量与素质，是我国提升基础教育质量的根本保证。为此，教师教育必须主动适应我国基础教育的变革趋势，从而引领基础教育发展。笔者认为，当今对我国师范教育产生重大影响的基础教育变革趋势包括：教育目标优质化、教育课程现代化、师资队伍专业化、教育手段信息化及中小学教学双语化。我国教师教育的改革与发展必须与基础教育变革的五大趋势相适应。要应对基础教育五大变革趋势，我国教师教育改革可采取以下五个应对策略。

一、与基础教育目标优质化相适应，强化师范性策略

当前，我国基础教育正进行着一场深刻的变革。基础教育整体师资队伍专业化水平不高，与中小学全面推进素质教育、推行基础教育课程改革的现实要求不相适应的矛盾突出。

领衔起草我国《教师教育标准》的华东师大钟启泉教授认为，按照新出台的《教师教育标准》，现在绝大多数的教师都不合格。现在我国的中小学教师主要存在三个问题：不读书、不研究、不合作。

一方面，在解决基础教育均衡发展，推进基础教育优质化进程中，师资优质是优质教育的重要标志。学校能否为学生提供优质的教育和服务，主要看教师素质的高低。语文特级教师于永正说："什么是素质教育？素质教育是老师素质的教育，你有什么素质，你才能给学生什么素质。一个老师素养很高，那么你的一言一行、一颦一笑都是语文，都散发着巨大的魅力，都影响着学生。"

众所周知，我国教师教育体系主要有以下几种办学形式：高等师范大学；高等师范专科学校；中等师范学校；教育学院；教师进修院校；综合型大学的教育学院或师范专业。世界教师教育的发展表明，随着社会经济的发展，师范教育模式必然从一元封闭走向多元开放；但在我国现实条件下，面对世界上绝无仅有的数以千万计的、庞大的基础教育教师队伍的培养培训任务，我国相对独立设置的师范教育体系不仅不能弱化，而且必须强化。强化我国师范教育应做到控制规模，提升层次，明确地位，内涵发展。

二、与基础教育课程现代化相适应，师范课程综合化策略

教师是实施课程的主体，是推行课程改革的关键。教师教育如何迎接基础教育课程改革带来的挑战也是无法回避的重大问题。新的课程改革呼唤新型的教师，课程的现代化需要教师教育理念现代化、知识结构现代化及教育教学方式现代化。我们不仅要根据基础教育新课程的目标与内容，按照《教师教育标准》重新调整各级各类师范院校的培养方案；同时要求师范院校加强教育理论课、通识教育、选修课的改革力度，重视师范生现代教育观念、综合素质、专业特长以及课程研究能力的培养，适应基础教育课程改革的要求。师范院校更要面向基础教育，研究基础教育，服务基础教育，引领基础教育，把教育理论学习与教育实践锻炼有机结合，走新型"院校合作"的师资培养和培训道路。

当今世界科技发展既高度分化又高度综合，呈现出高度综合化的整体趋势。这一趋势反映在师范教育课程设置上，表现为各发达国家都注重将众多反映科学、技术、文化等最新成果的内容设置到基础课程中，加强普通基础课的地位。与发达国家的师范教育课程相比，目前我国师范院校的基础教育课程占总课程的比例太小（约15%）；专业课程占总课程的比例过大（约70%），且设置单一，内容专业性强，难以适应当前社会经济和科技文化的需要；教育专业课程比例偏低，选择余地小，且内容陈旧，教育实习和实践时数也不够，与中小学教育教学改革极不适应。教育部出台的《教师教育标准》针对中小学教师，涵盖教师标准、教师教育标准、课程标准、评价标准等四个方面。教师的入职标准有所提高，确立了"儿童为本""实践取向""终身学习"三大原则，将改变目前偏重书本知识、让学生死记硬背式的教学方式。

为此，我国师范教育课程改革的基本策略应当强调综合化。基本思路是优化基础课程，

深化专业课程，强化教育课程，增加实践课程，使师范教育的课程朝综合化的方向发展，以培养具有较高综合素质、一专多能的复合型人才。

三、与基础教育师资专业化相适应，中小幼师资分类培养策略

社会经济的转型升级迫切需要我国教育"转型升级"，从普及义务教育到追求优质教育，实施素质教育，关键在教师。这必然要求教师教育体系结构重心上移、开放多元、分类培养。

首先，现行师范院校要积极进行布局结构调整，普遍提高办学层次，提高中小学及幼儿园教师的学历层次。从"十五"时期至今，我国教师培养已基本实现由三级师范到二级师范，并由二级师范向新三级（专科、本科、研究生）过渡。

其次，要大幅度调整师范院校培养模式和课程设置，要从教师专业化的角度构筑教师的新专业知识能力。合理确定一般文化知识、学科知识、教育专业知识之间的比例，加强课程开发、多媒体教学、班级管理、教育科研、教育评价、教学实验等教育实践能力训练，要把教育见习、实习、教育调查落实到位。

当前，特别需要强调的是，在我国师范教育重心上移，中等师范几乎绝迹的背景下，随着小学和幼儿园师资入职门槛的提高，我国师范本、专科教育均以培养中学师资为主的格局，导致沿海和经济发达地区小学教师培养模式中学化倾向十分严重。许多小学校长对师范本科毕业生入职小学教师的诸多不适应现象表示非常无奈。众所周知，幼儿园、小学与中学教育对象和内容有显著差异，其对师资的要求也各不相同。目前，我国本科师范院校很少设置小教专业和学前专业，基本都以中学师资为培养对象，造成了师范本科毕业生到小学和幼儿园入职时出现许多不适应的问题。十分紧缺的本科层次的全科型小学教师又出现了入职时的专业对口限制。

为了培养适应不同层次学校教学需要的高素质师资，建议直接面向普通中学、职业中学、小学、幼儿园等师资培养的需要，由省级教育行政部门把普通师范院校改办成各具特色的师范大学、技术师范学院、初等师范学院、幼儿师范学院。

四、与基础教育手段信息化相适应，信息化手段与信息课程同步化策略

今天，信息技术发展日新月异。在我国，大数据正由概念进入落地阶段。有专家认为，中国拥有庞大的人群和应用市场，是世界上最复杂的大数据国家。现代历史上历次技术革命，中国均是学习者，唯有在这次大数据变革中，中国与世界的距离最小，很多领域甚至还有创新与领先的可能。大数据是信息技术又一次颠覆性变革。云技术、物联网和基于云技术和物联网的大数据是教育变革的技术推动力量。在向大数据时代、知识时代跨越的过程中，知识将无处不在。目前，仅就知识传播而言，教育资源正在经历的是平台开放、内容开放、校园开放的时代，这是前所未有的。

教育要适度超前于社会经济的发展，师范教育更需要面向未来教育。早在1970年，美国学者托夫勒在《未来的冲击》一书中不仅批评了以哈钦斯为代表的面向过去的教育，

支持了以杜威为代表的面向现实世界的教育，更创造性地提出了面向未来的教育：小班化、多师同堂、在家上学趋势、在线和多媒体教育、回到社区、培养学生适应临时组织的能力、培养能做出重大判断的人、在新环境迁回前行的人、敏捷地在变化的现实中发现新关系的人和在未来反复、或然性和长期的设想下的通用技能。未来的教育会是怎样的？主流的模式将是：视频成为主要载体；教育资源极其丰富；翻转课堂；按需学习；终身学习；不以年龄画线；远程教育的提法将消失；距离不再是问题，教育在学校之外发生，等等。大数据与传统的数据相比，有非结构化、分布式、数据量巨大、数据分析由专家层变化为用户层、大量采用可视化展现方法等特点，这些特点正好适应了个性化和人性化的学习变化。在这场教育革命的浪潮中，由在线教育引发的由数字支撑到数据支撑变化（教育环境、实验场景、时空变化、学习变化、教育管理变化等等），是很多人没有在意的巨大金矿。

教育手段信息化加速趋势对中小幼师资素质提出了新的要求。教师必须树立新的学习观、学生观、教学观，学习和掌握现代信息技术。为了积极应对基础教育信息化、网络化，多媒体教学手段普及化的趋势，师范院校的教学手段必须信息化，要广泛采用以数字技术和网络技术为先导的现代教育技术手段。同时，要在师范院校的基本技能课程中强化计算机、网络应用技能以及多媒体课件的制作技能，并将其列入师范院校学生的必备技能。另外，还要改革师范院校普遍存在的传统教学模式，借助现代信息技术，引入基础教育新课改的理念，强化问题教学，注重体验、交流、合作、分享等新的教学方式。

第五节　教师教育改革能力：空间探寻与行动方略

教师教育改革能力是教育改革行进的必要条件。教师教育改革能力的提升不仅有利于唤醒教师参与教育改革的主体意识，而且有利于促成外在的刚性变革指令转化为教师内在的教育发展愿景以及主动的责任担当。要实现教师教育改革能力的提升与扩展，首先要尊重教师教育改革权利，在此基础上，通过廓清教育改革价值、担当教育改革责任、提升教育改革智慧等方式引领教师走向"廓清—担当—智行"的教育改革之路，以"当事人"、责任意识、智慧型的教育改革主体形象修正"局外人"、应对意识、顺服型的刻板印象，从而彰显教师在教育改革中履职、担当以及善行的行动能力。

教师教育改革能力是当前教育改革向纵深方向发展的重要推动力量。教育改革能否带来教育领域的变革与更新，并最终指向学生人格的丰盈与未来生活的完满，教师以及由教师主导的教育教学实践是否发生变化是关键指标之一。教师教育改革能力已然成为促成这种变化的重要变量，它不仅影响改革进程的推进，也将影响教育改革的预期效果。大量的教育改革实践表明，教师教育改革能力不足已成为制约教育改革发展的重要瓶颈。未来教育改革如若忽视对教师教育改革能力价值的追问，不仅容易使教育改革陷入形式主义、技术主义的泥潭，使教育改革"改"而未"变"，更会导致教师教育行为规范的模糊与混乱、对教育改革意义产生迷思与困惑，人在改革泥泞中无所适从，造成但凡改革便给予抵制的心理预警机制。因此，我们有必要重新审视教师教育改革能力与教育改革的关系，拓宽对教师教育改革能力内涵的思考，在此基础上，培育与提升教师教育改革能力，使教师真正成为教育改革的行动派，使教育改革实践获得新的发展思路，形成新的改革文化样态。

一、教师教育改革能力与教育改革关系再认识：错位观念与思维转换

当前教育改革实践对教师教育改革能力存在一些认识上的错位，这些错位观念阻碍了教师教育改革能力向外扩张与延展的可能性，限制了教师对教育改革能力的想象力以及有所为有所不为的改革行动策略，使得教师教育改革能力的理论探讨与实践摸索一度陷入困顿而无所突破。

比如，一种比较典型的观点是把教师教育改革能力等同于教师应对教育改革、适应教育改革的能力。本来，教育改革是教师职业权利与职业能力的重要内容，是教师实现可持续发展的重要引擎。毫不夸张地说，在改革已成为常态的今天，教育改革俨然成为教师教育生活的一部分甚至是一种生活方式。但既往的教育改革实践从根本上否定及剥夺了教师作为教育改革主体的地位、价值及功能，政府成为了教育改革的推动者，由行政力量主导的自上而下的改革模式成为教育改革的主要推进力量。教师常常只被设定为教育改革的实施者，虽然越来越多的研究者已经意识到教师教育改革主体性对于教育改革的意义，也在身份上确立了教师参与教育改革的正当性，但现实中教师仍未摆脱"实施者""执行者"甚至是"改革对象"的角色认定。这一正一反角色的颠倒使教师对自身教育改革主体身份的认同产生了深度怀疑，导致了教师教育改革主体意识的模糊以及改革行为的软弱无力，限制了教师教育改革能力向外发展的空间与维度。这种并非产生于教师专业发展内部需求的教育改革虽然在较短时间、较广范围内有可能获得显著成果，但也导致了教师在制度压力之下的被动参与和应付，甚至产生了对教育改革的抵触心理。更为严重的是，在这种心态的驱使下，教师演变成为了一个"精致的利己主义者"——以改革为牟利手段，表面上接受教育改革，以表演主义、表现主义为衍生品粉饰出教育改革的决心与信心，但在内心深处却并不认同改革理念及措施，很少甚至根本不将教育改革的理念、要求落实到自己的教育教学实践中，教育改革被"架空"而未能真正"落地生根"。在这场教师与教育改革的角逐中，显然，教师应对教育改革、适应教育改革的能力在"上有政策、下有对策"的应对策略中大大"提升"了，但伤害的却是教育改革本身。教师教育改革主体地位的丧失使得教师教育改革能力退化为教师应对教育改革、适应教育改革的能力，这不仅局限了我们的理论思想，也束缚了教师的实践手脚以及改革的勇气与锐气。

与上述认识有着密切关联的一种观点是：教师教育改革能力的发展可依赖外在培训而迅速提升。很多改革者认为，只要教师接受了培训，学到了更多的知识和技能，弥补了自身的不足，他们就可以更加自信地应对改革。因此，在教育改革初期，教师遵循特定的乃

至标准化的路径，经过制度化的学习，直至通过标准的专业考核，就被认为是正式接纳教育改革了。在我国教育改革实践特别是基础教育课程改革发展历程中，几乎所有教师都有过这样的培训经历，但这种把"教师应该知道什么和应该如何做"作为培训目标，把"即学即用"或"先学后用"作为衡量教师教育改革能力高低标准的知识型改革培训模式是否帮助教师解决了教育改革中遇到的问题与困惑，并最终落脚到教师教育改革能力的提升上，是值得怀疑与反思的。首先，它将教师教育改革能力的培养窄化为知识的授受、理念的灌输，自动屏蔽了教师基于个体自身经历的情感体验和基于情境的意义赋予。教师的学习应该是基于教师全面发展的，不仅涉及知识和技能的提升，而且内含智慧的生成、情感的投入和道德反思等成分，能力的生成是知识与这些成分的化合物。其次，将教师教育改革能力的培养寄希望于培训专家的引领。这种以学术的、去情境的、以专家心智模式和知识结构为主体的知识类型容易脱离教师的实际工作情境。通过培训，教师似乎掌握了大量的教育改革的新术语、新理念，但很少有教师能够真正深度理解、接受教育改革的核心理念。因为这种以专家为主导的理性培训模式不能唤醒教师的经验意识与情感体验，教师也就不可能和教育改革发生实质性的对话，在行动能力上也必然不会出现新的生长点。

归根结底，教师教育改革能力的提升还是要回归到教师本身的成长，教师教育改革主体地位的实质性赋予是教师发展个体教育改革能力的关键，也是使个人行为之学上升为意义之学、从知识、技能习得凝练为文化成长与精神成长的必经之路。告别过去那种将教师局限于"告知—认同—执行"框架下类似牵线木偶的传统改革模式，将教师作为一个具有主体意识和决断能力、具有情感体验和行为选择的活生生的人去考虑，才是教师教育改革能力发展突破理论研究阈限与实践困境的根本。

二、让教师成为教育改革的行动派：主体责任与空间探寻

基于对教师教育改革能力与教育改革关系的剖析，要想使教师成为教育改革的行动派而不是跟随者，首先必须承认并赋予教师教育改革的主体地位。主体地位的赋予意味着教师主体责任的担当，教师与教育改革的关系不再是单纯的"应对"关系，可以延伸至"参与""主导""引领"的关系，对改什么、为什么改、如何改等价值问题要有理性的沉思和正确地对待；在操作层面意味着教师教育改革能力的内涵需进一步获得扩充与拓展。与主体责任相对应，教师教育改革能力呈现出应对教育改革能力、参与教育改革能力、主导教育改革能力以及引导教育改革能力逐渐递增的能力维度。

（一）应对教育改革的能力

虽然教师应对教育改革的能力处于能力维度的最低端，但也不能完全否认其价值。特别是对于现阶段教师薄弱的改革意识，在改革倒逼教师能力升级的状况下，教师应对教育改革的能力高低是衡量教师教育改革能力高低的重要尺码。在应对改革能力中，教师教育改革能力分为两个等级：积极应对与消极应对。所谓积极应对，即教师能够适应教育改革

的节奏，积极调整自己的教育教学与改革实现同步。改革虽然扰动了已有习惯，但也给自己带来了新体验，引发了新思考，为自我转变提供了契机和诱因。而所谓消极应对是指作为改革直接受体的教师，面对一波未平一波又起的教育改革浪潮，要么疲于应付，要么无动于衷，表现出疲沓、顺从、应急等不良情绪反应，使得教育改革只是得到了有限的、支离破碎的执行。当然，无论是积极应对还是消极应对，都是将教师个体置于改革之外或改革的末端——执行端，要真正触发教师教育改革能力升级，必须要将教师放置于教育改革之中，成为教育改革的一员，参与到教育改革的进程中来，从而使教师教育改革能力获得向上攀爬的动力。

（二）参与教育改革的能力

作为教师教育改革能力发展的第二层次，参与意味着教师以一个参与者的身份进入教育改革的酝酿、启动、实施、评估与调试等各个阶段，融入其中而不是隔靴搔痒或隔岸观火。在这里，需要着重重申的是"参与"的内涵。以往，我们对于教师参与教育改革的认识一般停留于"文件口径"及"表态文化"，是一种对身份参与的呼吁，而非实际的身体力行，或者说只是作为一种参与倡导、民主理念而并未真正落实到教师身体实践中来，大部分只是一种虚假参与或无意义参与。如今，随着改革持续推进，教师参与教育改革的必要性、可行性已经不言自明。只有教师身体力行地参与，教育改革的理念、纲领、意义、价值、技术、方法等才能与教师教育教学实践发生真正的碰撞与交融，经协调与沟通，嵌入教师个体的思维框架以及身体结构。从这个意义上讲，我们的认知是被身体及其活动方式塑造出来的。一切理性思维都是以身体经验为基础的，身体参与是连接理性与感性互通的中介。教师参与的教育改革能力的提升意味着教师具有了教育改革者的行动资格，能够以改革当事人的身份去审视、理解当下教育改革所承载的真理与真相，而不再是一个改革局外人，借专家之口、行政之力窥视教育改革。它跳脱了传统改革"遗忘身体""脱离情境"的双重缺陷，建构了行思结合的身体觉知与教育改革进程交互的认知图景，推动了教师教育改革能力向更高层次的发展。

（三）主导教育改革的能力

教育改革的历史及经验不容置疑地告诉我们，当下主导教育改革的力量是国家以及代表国家意志的行政力量。纵观大大小小的历次改革，哪一次改革浪潮的背后都离不开强大的国家行政力量的推动。不容忽视的是，教育改革有不同的层级与领域，各个层级及领域又会有各自不同的责任主体与主导力量。从宏观战略层面上来讲，国家无疑是教育改革发展的决定性力量，但具体到微观教育教学层面，教师才是主导教育改革的生力军，是微观教育改革领域的主体及主导力量。因此，从这个意义上来讲，教师主导教育改革的能力也是教育改革能力发展的一部分，甚至是不可或缺的一部分。只有教师掌握了微观领域的主导权，真正发挥了教育改革的主导能力，才能激发其作为教育改革主体的激情参与和理性批判能力，使其对教育改革愿景及措施有明确的认识与把握并能自主调整教育改革的方向与节奏，消除改革带来的情境恐慌与角色焦虑，真正担负起教育改革的重任。而教师要发挥主导教育改革的能力，可从自己最为熟悉的教学领域开始，不断提升自己的专业知识与专业自主权，着力打造出属于自己的一片自由区，以此为基点，不断向上、向外扩充教育改革的疆域及争取更多的改革主导权，寻求一种自下而上的教育改革模式探索，使自己在教育改革的大潮中逐渐成长为一个心智有力量的人。一个心智有力量的人，具有稳定性、理解力和各种才能，会体现出自身的控制，对眼前事物的正确判断。一个心智有力量的教师，意味着教师已成长为一个具有主导教育改革能力的教育改革者。

（四）引领教育改革的能力

同主导教育改革一样，引领教育改革在很多教师看来也是可望而不可即的目标。因为，在教师的眼中，引领教育改革是专家的事，自己缺少这种理论远见，只能被引领。这一思想同样成为束缚教师教育改革能力实现突围的重要障碍。其实，在一线教育教学实践中，不乏勇于改革、开拓创新的引领型教师形象。比较著名的如四十多年来持之以恒探索情境教学理论的李吉林老师。她创立的情境教学理论最大的贡献就在于抓住了情感驱动在教学认识中的优先性，通过审美情境的创设，调动了学生感知、体悟、想象、思考、情感等多重认知技能，促进了个体经验的生成以及积极情感、态度、价值观的塑造。她不仅解决了符号学习与真实世界相割裂的教学认识问题，同时也完成了对教学审美认识的积极探索，从而在教育教学领域引发了一场关于情境教学的理论研究与实践探索风潮。有关教师引领教育改革的实例还有很多，它们为教师引领教育改革的可能性以及可行性提供了最好的脚注。同时，培养教师引领教育改革的能力也是当前教育改革的题中之义，教育改革明确提出教师要成为课程开发的主体，教师需以研究者的姿态和身份积极面对日常教学实践，教师角色要从教书匠向反思性实践者转变。这些话语都在表明，教育改革所需要的教师本质上是一个拥有自主发展愿景和自主发展能力的研究型变革主体，是能够引领教育改革的"专家型改革者"。

三、教师教育改革能力的扩展与提升：目标导向与行动方略

如前所述，当前教育领域对教师教育改革能力的认识还非常的局限，要实现教师教育改革能力的提升与扩展，首先要给予教师教育改革权利与权力的尊重与赋予。

（一）优化以校本管理为基础的教育改革权力配置机制

教师教育改革能力的提升孕育于教师的改革行动之中，而行动的资格则源于对教师教育改革权利的尊重与改革权力的赋予。对于一线教师来说，专业自主权的尊重与赋予是教师教育改革权力与权利的核心，也是实现教师教育改革能力提升的根本。所谓专业自主权，是指教师具有独立行使教育专业决定的权力，是专业教师根据专业知识和技能，在教学过程中遵守专业伦理规范，在从事专业服务时进行专业判断与决定而不受外界干预的权力。

显然，学校是确立教师专业自主权的基础组织。但实际的教育改革中，改革的权力主体是国家，改革权力的运作几乎悬空于教育教学第一线，自上而下的主导模式阻碍了学校基层权力结构作用的发挥，也伤害了教师作为专业工作者的自尊与自信，教师专业反思能力与批判能力不断萎缩，专业自主权能力弱化为执行与服从。要改善这种状况，需要改变教育改革权力的高空运作模式，将权力下放到每一位教师，使教师名副其实地担当起教育改革主体的责任。具体措施在于优化以校本管理为基础的教育改革权力配置机制，重视教师在教育教学方面的自主性，赋予教师运用专业能力规划教学目标、设计课程方案、把握教学进度、拟定评价标准与方式、进行教学研究等的权利和权力；尊重教师作为教育者、教学者、改革者等多重角色与身份的尝试与改进，在角色转换中持续深化对教育改革的认知，激发其内在的改革动机，赋予自我行动的意义，增进其完成决策任务的自信与自我认同感；努力扩展教师的"自由改变区"，降低教师参与教育改革的风险预期，创设出一个支持教师教育改革行为的良好氛围与环境；引导教师积极参与行政工作，勇于担任学科带头人等相关校务组织职务，逐渐由专业自主权扩充到行政自主权，提升赋权增能意识，以此践行学校本位管理的理念。

（二）廓清对教育改革价值认知的思想迷雾

教育改革在为教师赋权后，教师是否就能够理所当然地发挥教育改革主体的作用？是否改革行动更有力呢？未必。我们说任何真正的教育改革，都依赖于发挥基层的能动性。对这个"能动性"的认识，常见的词语是主观能动性或意识能动性，强调个体之思的重要性。思先于行，身未动而心已远，个体主动地、自觉地、有目的地、有计划地反作用于外部世界的行动或行为才会得以启动，从而达到行与思的结合、身与心的合一，否则就会出现当前教育改革的困局：教师不仅在认识上、情感上、态度上排斥改革，而且行动上、策略上、方法上抵制改革。因此，在教师教育改革能力的培养上，改革之思相比于显性的改革行动更具效能性和能动性。只有将改革之思融入教师教育改革行动中来，教育改革相对于教师而言才不会变成一种"空洞的存在"，而是一种"葱郁的生活"。如果将教师教育改革行为定义为"外在行动"的话，那么教师的改革之思就是教师的"内在行动"。之所以称之为行动，是因为它帮助教师建立了个体行动与改革价值之间的联系，建立了教师个体与其他改革者之间的伦理关联。一方面，教师通过对教育新理念、新思想的认识，解构自我教育生活，将个体从旧有的思想藩篱中解放出来，愿意从新的观点、运用新的思维，重新检视过往"视为当然"的课程实践与"习焉不察"的教学实践，使自己有所觉醒，激发课程意识，促进教学改变，进而让改革产生个人意义，使之落实在个体的教学实践中。另一方面，教师以专业的态度、知能与精神审视教育改革的方方面面，通过对教育改革问题的思考，建构起对教育改革的理性批判认识，把改革之思从私人领域拓展至公共领域，不仅认识和体悟到作为改革者所具有的身份意义和价值担当，而且使改革之思具有了公共性与共享性，从而塑造出教育改革行动者的理性特质与公共精神。

（三）培育教师对教育改革责任的担当力

教师教育改革能力的提升离不开以个体能动性、自主性、创造性以及独特性等为主要内容的个体主体观哲学的观照。这一主体观在解放人性上无疑有着巨大的历史意义，但它从根本上来说是一种自在的、唯个人的主体观，极易滑向严重的个人主义和利己主义。特别是对于处在改革漩涡之中的教师来说，任何个体都不具备独自面对大规模改革所产生的冲击的理性和能力，当层出不穷甚至高度叠加的教育改革项目倾轧至教育领域之时，教师的主体性非但得不到应有的发挥，反而可能会导致教师采取明哲保身的被动应付策略。而将教师改革主体性以及改革能力的培养置于教育改革共同体生活的背景中来思考，就不会局限在促进个体参与和能动上，其鼓励"共在"与"承担"。"共在"意味着教师在面对变动不居的改革环境时，能够突破个体已有的认知框架，通过建立彼此信任、相互开放的情感共同体，分享教育改革的经验和观念，从而增强个体的群体归属感以及良好的改革情境体验。"承担"则意味着"每个成员都是变革的动力"，要充分发挥每一个成员的专业知识和专业精神，构建起以教育改革为中心议题，以解决问题为目的，以小团体改革激情助推改革进程的专业共同体，告别过去那种约束力偏软、指导力偏弱、向心力偏散的共同体构造形式，为教师教育改革能力的发展与提升提供情感支持、方向指导、专业支撑与实践关切。

（四）促进教师改革角色的智慧转向

教师作为教育改革主体要有相当的理论素养，才能超越形形色色的直观、具体的经验，超越感性、规范的实践教育学，转而走向教育机制的生成、教育智慧的提升以及个体教育学的建构等。这就要求教师要不断提升个体的理论自觉水平，能够以独立的思想精神和批判态度对自我日常教育教学实践自觉地进行追问与反思，对他者优秀教育经验理性地借鉴与吸收，对教育理论慎重地解读和合理建构等。而教师理论自觉的培育离不开教师不断地学习。教师可通过阅读理论书刊、网络资讯等路径丰富自己的理论基础，提升理论素养，增进理论思维能力等；同时，也要在实践中学会成长，在行动中学会研究，成为一名反思的实践者，一个能动的研究者，尝试将教育现象的解释上升到对教育本质的把握与判断，进而生成个体的教育经验，实现实践话语的理论转向；此外，理论工作者应自觉地达成与教师视域的互置与融合，通过向实践领域的靠拢和延伸以及教师向理论领域的切入与对话，促进彼此思维方式的平行交接与深度转换，引领教师走向对教育意义的追寻，重构对教育的理解与认识，形成个体教育哲学，深刻理解教育本质与价值并确实落实到自己的教育实践中来。当教师通过理论自觉的培育，从一个理论初学者成长为一个拥有自我教育哲学思想指导的理论性实践者，以"理论之眼"再次审视教育实践时，便会产生不同的视角和寻求改进的动机，实现向"专家型改革者"的转型，引领教育改革在实践层面上取得实质性的进展。

参考文献

[1] 安桂清，方明生.儿童学视角下教师教育课程的创新 [J].教育发展研究，2015（2）：19-25.

[2] 许涛.推动信息技术与教师教育的深度融合 [J].教育研究，2012（9）：124-127，132.

[3] 张洪孟，胡凡刚，谢坤.教育信息技术创新应用与协同发展：解读 2013 教育技术国际论坛 [J].中国远程教育，2014（5）：88-92.

[4] 马俊臣.基于"翻转课堂"的现代教育技术教学研究 [J].中国成人教育，2014（6）：125-128.

[5] 李卢一，燕林.教育技术促进农村教师专业发展研究 [C] //"公平、质量、效率：农村教育政策的抉择"国际学术研讨会论文集.2009：338-342.

[6] 袁贵仁.为全面建设小康社会准备高质量专业化的教师 [J].中国高等教育，2003（20）：3-7.

[7] 李广.教师教育协同创新机制研究：东北师范大学"U-G-S"教师教育模式新发展 [J].教育研究，2017（4）：146-151.

[8] 陈飞，李广."同课异构"的范式建构与实践探索：基于教师教育创新东北实验区"有效教学"现场会的思考 [J].教学研究，2014（2）：13-16，123.

[9] 罗明东."整合连贯型"：教师教育模式发展新阶段 [J].昆明学院学报，2010（5）：1-8.

[10] 李福华.论国家力量介入教师队伍建设的内生性需求 [J].清华大学教育研究，2018（6）：88-95.

[11] 韦地.我国教师教育政策发展历程分析 [J].赤峰学院学报（汉文哲学社会科学版），2017（8）：166-168.

[12] 曲铁华，王美.近三十年来我国教师教育政策变迁的特点、问题与解决路径 [J].四川师范大学学报（社会科学版），2016（2）：82-87.

[13] 王松丽.基于专业发展阶段的教师评价体系构建 [J].教育测量与评价，2017（5）：16-22.

[14] 张钧，邵琳.基于我国教师评价制度演进的思考 [J].东北师大学报（哲学社会科学版），2017（5）：191-196.

[15] 焦师文.教师考核评价：重绩效还是重发展？[N].中国教育报，2014-05-19（013）.

[16] 陈时见，刘方林.比较教育的价值构建与主题选择：2015—2017 年中国比较教育

研究的热点与动态分析 [J]. 教育研究，2018（1）：26-35.

[17] 任少静 . 中国教师教育一体化的理论与实践探析 [J]. 学园，2009（3）：85-89.

[18] 孙德芳，林正范 . 农村教师的生存发展现状及政策建议 [J]. 教师教育研究，2014（6）：40-46.

[19] 陈时见，王雪 . 教师教育一体化课程体系的构建与实施 [J]. 教育研究，2015（8）：109-112.

[20] 刘义兵，常宝宁 . 教师教育一体化师资队伍建设及其创新实践 [J]. 教育研究，2015（8）：121-124.

[21] 艾兴 . 一体化教师教育的专业建设内涵及核心内容 [J]. 教育研究，2015（8）：118-121.

[22] 刘义兵，付光槐 . 教师教育一体化发展的体制机制创新 [J]. 教育研究，2014（1）：111-116.

[23] 张科 . 我国教师教育一体化的反思与变革 [J]. 中国成人教育，2016（23）：143-145.

[24] 孟繁宇 . 教师教育一体化实施中的困境与现实出路 [J]. 中国成人教育，2017（10）：143-145.

[25] 钟祖荣 . 教师教育一体化的反思与教育学院发展的选择 [J]. 教师教育研究，2011（6）：9-13.

[26] 李泮泮，于晓敏 . 我国教师教育研究的文献计量分析：2000—2012 年 [J]. 教师教育研究，2014（3）：90-100.

[27] 周飞 . 高校教师教育课程设置问题及对策研究 [J]. 黑龙江教育学院学报，2019（1）：25-27.

[28] 王少非 . 教师教育课程的实践取向：何为与为何 [J]. 教师教育研究，2013（5）：72-75.

[29] 曲铁华，于萍 . 改革开放 40 年教师教育改革与未来展望 [J]. 教育研究，2018（9）：36-44.

[30] 朱敬 . 论中小学教师发展之 MOOC 路径：兼议基础教育与高校协同发展 [J]. 中小学教师培训，2018（7）：21-25.

[31] 熊才平，汪学均 . 教育技术：研究热点及其思考 [J]. 教育研究，2015（8）：98-108.

[32] 贺敬雯，饶从满 . 基于理论与实践融合视角的教师教育模式探析：以美国夏威夷大学 MET 计划为例 [J]. 延边大学学报（社会科学版），2014（1）：135-142.